凤凰师轩
FENGHUANG SHIXUAN

Education 行知工程
教育新思考系列

教育，就是做好普通的事

孙志毅 著

江蘇鳳凰教育出版社
Phoenix Education Publishing, Ltd

图书在版编目（CIP）数据

教育，就是做好普通的事/孙志毅著．—南京：江苏凤凰教育出版社，2015.3

ISBN 978-7-5499-2033-4

Ⅰ.①教…　Ⅱ.①孙…　Ⅲ.①教育－随笔－中国－文集　Ⅳ.①G52－53

中国版本图书馆CIP数据核字（2014）第301608号

书　　名　教育，就是做好普通的事
作　　者　孙志毅
责任编辑　午新生　雷利军　张晓兰
出版发行　凤凰出版传媒股份有限公司
　　　　　　江苏凤凰教育出版社（南京市湖南路1号A楼　邮编210009）
苏教网址　http：//www.1088.com.cn
照　　排　润星之源文化有限公司
印　　刷　三河市华润印刷有限公司
厂　　址　河北省三河市杨庄镇杨庄村
开　　本　787毫米×1092毫米　1/16
印　　张　12
字　　数　166千字
版　　次　2015年3月第1版　2015年3月第1次印刷
书　　号　ISBN 978-7-5499-2033-4
定　　价　27.00元
网店地址　http：//jsfhjycbs.tmall.com
邮购电话　025-85406265,85400774　短信　02585420909
E - mail　jsep@vip.163.com
盗版举报　025-83658579

总　序

癸巳年夏，行走内蒙古草原，得以结识《内蒙古教育》主编孙志毅老师。我见到的孙老师，是学问中人，也是性情中人，满腹诗书，一身清爽。我喜欢听他谈古说今，描摹当地掌故名物，而逢应酬的场合，他却如局外人一般，淡漠无言，我更心生欢喜。现在，他牵头编辑“教育新思考系列”丛书，收六位作者的教育随笔和教研手记，嘱我作序，我欣然命笔。我素来由人判断事的价值，相信“纯粹之人必做纯粹之事”。六位作者皆是内蒙古基础教育领域的精英，从书名就可以看出他们“行走”的足迹，可以一睹他们长途跋涉的风姿——王丛老师三十年苦苦寻觅，回望百年来语文教育走过的路程，倡导从先人那里获得智慧；韩中凌老师的“批注式阅读”，同样承继了“不动笔墨不读书”的古训，让我想起脂砚斋、金圣叹、张竹坡；曹龙老师的语文教育理念显然脱胎于叶圣陶先生，但他在实践中摸索出的操作方法值得称道；而丛智芳老师从小处入手谈语文教育之宏旨和马建秀老师“跳出数学教数学”的跨学科思维同样给我们深刻的教育启迪。

在他们的这趟教育之旅中，我很乐意做一个随行者，说一点外行的想法。

基础教育是学校教育的重要阶段，我认为也是最艰难的一个阶段。怀特海在论述智力发展阶段时指出：小学和大学都以自由为主导，唯有在中学阶段，纪律是主导，自由必须从属于纪律。按照我的理解，自由是顺应兴趣，而纪律是服从必须。在小学阶段，智力教育的重点是激发和培育一般的求知兴趣，在大学阶段，则是根据业已明确的兴趣方向自主地学习。中学阶段的情况却大不相同，不管是否感兴趣，学生必须学习大量基础知识和技能。因此，中学生是最辛苦的，中学老师也是最难当的。当然，没有兴趣的学习是低效率的，而困难正在于如何引导学生对必须学的知识产生兴趣，使纪律成为自由选择的结果。事实上，即使在学习基础知识的过程中，有三个因素也是具有超越知识本身的价值的，那便是：

1. 通过文史哲课程的学习受到人文熏陶，使之拥有丰富的心灵和高贵的情怀；

2. 通过数理化课程的学习得到思维训练，培养智力活动的兴趣和习惯；

3. 通过全部课程的综合，了解人类知识的概貌，犹如在胸中画一张文化地图，为确定个人兴趣方向和今后专业选择提供依据。

在我看来，这三者是比知识更重要的目标，而如果它们在教学中得到充分的体现，就能够大大提高学生学习知识的兴趣和效率。

无论是教中小学还是大学，教师都应该具备优良的精神素质。他自身是一个热爱智力生活、对知识充满兴趣的人，才能够在学生心中点燃同样的求知热情。他自身是一个人性丰满、心灵丰富的人，才能够用贴近人性、启迪心灵的方式去教学生。除此之外，鉴于基础教育的特点，对中学教师还有特殊的要求。

其一，基础课程横跨文理，科目多，知识量大。因此，中学教师特别要讲究教学艺术，寻求效率的最大化。对于所任的课程，他要善于精选学生必须精确而牢固地掌握的关键内容，把这些内容真正讲透，因而不必勉强学生去熟记许多次要的东西。这样的教学既能节省学生的精力，又容易引发学生的兴趣。当然，要取得这样的效果不能单凭方法，教师自己必须相当精通所任的课程，对基本原理能够融会贯通，举一反三。

其二，中学教育实质上是通识教育。因此，中学教师应该是一个通识之才，一个某种程度上的“杂家”，有广阔的知识面，这样才能够触类旁通，把所任的课程教得生动活泼，趣味十足。学生的天赋类型是有差别的，未必都对你所教的这门课程有兴趣，但是一个好的教师可以做到两点，一是使天赋类型适合的学生产生浓厚的兴趣，二是使天赋类型未必适合的学生产生一般的兴趣。

说了上面这些外行的想法之后，我愈发相信我的这个判断了：中小学老师是最难当的，小学尤其如此。因此，我要向本丛书的六位作者、也向全国基础教育领域的每一位优秀教师表示我深深的敬意。

周国平

2014年6月11日

目录

CONTENTS

寻找传统教育智慧

解读教育现象

思辨教育时弊

思考语文教育

争论教育真谛

寻找传统教育智慧

人类不仅要向前看，还要不断地往后看——向古人借智慧。龙应台说，传统从来就不是死的，死的只是我们自己的眼睛。

“读经”还是“读精”

“三十年河东，三十年河西”，面对先人留下的东西，我们一会儿弃之如敝屣，一会儿奉之如圭臬，有时真让人哭笑不得。对同一个传统的态度天壤之别，就在十几年、几十年间。

仅仅几年的工夫，你到中小学走走，到处可以看到轰轰烈烈的“国学普及”“传统回归”：墙上挂着《弟子规》，口里背着《三字经》《百家姓》，更有甚者，把《二十四孝图》陈列在走廊里，供每日进出的学生瞻仰。

假如鲁迅先生还活着，不仅“莫名惊诧”，甚至还会“出离愤怒”。

《弟子规》为清朝康熙年间山西绛州人李毓秀所作。李毓秀以朱熹的《童蒙须知》为蓝本，围绕《论语》中“弟子入则孝，出则悌，谨而信，泛爱众，而亲仁，行有余力，则以学文”做文章。《弟子规》浅显易懂，押韵顺口，内容又符合农耕社会的伦理取向，成为清代及民国时期广为流传的童蒙读物，与《三字经》齐名。

《弟子规》应该说是古代的“学生守则”。多数内容表达的是人类的共同道德观、审美观、价值观。如“便溺回，辄净手”，与我们今天所说的“饭前便后要洗手”如出一辙；“若衣服，若饮食，不如人，勿生戚”和雷锋同志所说的“生活上向水平低的同志看齐，工作上向水平高的同志看齐”是一个意思；“凡出言，信为先，诈与妄，奚可焉”与“八荣八耻”中“以诚实守信为荣，以见利忘义为耻”同理；“揖深圆，拜恭敬”规范人际交往之礼，未必不是一件好事。以前我们因为这些是封建社会的遗留，所以就不予接受，今天想来，顿觉愚蠢之极。

但《弟子规》中的有些“规”显然是无法遵从的。如“亲所好，力为具；亲所恶，谨为去”，试想，倘若“亲”为非作歹，为弟子者怎能“为之具”呢？“丧尽礼，祭尽诚，事死者，如事生”也当商榷，一旦激活“厚葬”之类的陋俗，岂不与法制的、理性的现代社会相悖！

《二十四孝》为元代郭居敬辑录的历代二十四个孝子行孝的故事。其中多数案例今人还是能够接受的，如杨香的“扼虎救父”，蔡顺的“拾葚供亲”，郯子的“鹿乳奉亲”，闵子骞的“单衣顺母”等当视为道德楷模，加以传承。但有些备受推崇的孝子事例就值得画个大问号：如“哭竹生笋”和“卧冰求鲤”显然是胡编乱造、以讹传讹的谎言；“闻雷泣墓”“老莱娱亲”更失之虚伪做作。对“老莱娱亲”鲁迅尤为不屑，他曾在《朝花夕拾》的《二十四孝图》一文中提到：“招我反感的便是‘诈跌’。无论忤逆，无论孝顺，小孩子多不愿意‘诈’作，听故事也不喜欢是谣言。”而“郭巨埋儿”已近乎残忍无道了。鲁迅当年说：“我已经不但自己不敢再想做孝子，并且怕我父亲去做孝子了。家景正在坏下去，常听到父母愁柴米；祖母又老了，倘使我的父亲竟学了郭巨，那么，该埋的不正是我么？”

时下里有人人云亦云：“孝”是中华民族文化的精髓。此言差矣！孝，其实是儒家伦理的核心，而非中华民族文化的精髓。我们所倡导的孝是过滤后的孝，有选择的孝。再说，历代统治者不遗余力地倡导“孝”，说到底是为了推出背后隐匿的那个“忠”。孝，推而广之就是忠，有了忠，何愁天下不太平？何愁百姓揭竿而起？何愁不万世一系？

我们为什么倡导学生背诵《弟子规》？为什么把《二十四孝图》陈列在校园？是为了规范学生的言行吗？是为了弘扬民族文化传统吗？是想颠倒曾经“被颠倒”的真理吗？还是压根儿就没什么想法，跟风而已？

北京师范大学李零教授说传统是一锅乱炖，这个比喻未必恰当：东北乱炖是放在锅里的都可以吃，而传统（国学当在其中）绝非如此，绝不能不问青红皂白，也不能囫囵吞枣。因为在老祖宗留下的遗产中，既有精华，也有糟粕。

基于此，我以为，与其提倡“读经”，不如提倡“读精”。读不加过滤的“经典”，不如读“经典”甄别后的精华。此外，“读经”之“经”应该不限于儒家之“经”，而应该是百家之经；“读经”之“经”应该涵盖中外之“经”，即世界经典、人类经典，而不限于中国经典；“读经”之“经”不应该仅是古代经典，也应该给当代经典一点空间。

这样“读经”似乎更理性、更科学些，更少一些反复，更少一些“颠倒”，省的过几年再折腾。

《巨流河》里看民国教育

交“白卷”的高材生

齐邦媛在《巨流河》中回忆了这样一件事。

南开中学四十一班的谢邦敏，是国文老师孟志荪的得意弟子。谢邦敏虽文学才华极高，但数理化成绩一直很糟糕，毕业考试时他的物理科就交了白卷，但他在卷上赋词一首。原词是这样的：

《鹧鸪天》

晓号悠扬枕上闻，余魂迷入考场门。
平时放荡几折齿，几度迷茫欲断魂。
题未算，意已昏，下周再把电磁温。
今朝纵是交白卷，柳著原非理组人。

物理老师魏荣爵评卷时也赋诗一首：“卷虽白卷，词却好词。人各有志，给分六十。”就这样，这位偏科的学子得以顺利毕业，并考上了西南联合大学法律系，后在北京大学教法律。

齐邦媛先生在书中并没有附上谢邦敏的原词，但我从《过去的教师》一书中王铨写的《评卷的魄力》中查见了原词。我们从教师对谢邦敏交白卷这件事的处理方法上看到了民国教育的风气、风采、风骨。

据齐先生记载，当年南开中学校园里流传着不少这样的故事，南开中学的老师们都是些“注重性灵开启的有识之士”。

“不拘一格降人才”的民国教育啊！“因材施教”的民国教育啊！

真性情中人

大一结束后的一个下午，工友给了我一份毛笔写的教务处通知，命我去见教务长朱光潜先生。

那时，朱光潜先生已是名满天下的学者。这位大学者怎么会召见我这个一年级的学生呢?

我走进去，看到他坐在巨大的木椅里，并不壮硕，穿着灰长袍。

“你联考分发到哲学系，但你的英文很好，考全校第一，为什么不转到外文系呢?我已由国文老师处看到你的作文，你太多愁善感，似乎没有钻研哲学的慧根。如果你转入外文系，我可以做你的导师，有问题可以随时来问我。”

当时的国立武汉大学外文系还有陈西滢、陈寅恪等大师执教。

朱光潜老师讲课投入甚多，有一天，他教华兹华斯的诗歌，念到“天上的鸟儿有翅膀，链紧我们的是大地和海洋”时，说中国古代也有类似的诗：风云有鸟路，江汉限无梁。此时竟语带哽咽。老师取下眼镜，任眼泪流下双颊，他突然把书合上，快步走出教室。满室愕然，却无人开口说话。

当日国立武汉大学有个教授叫缪朗山，教俄国文学。其人上课如在舞台，走过来跑过去，从不踱步，脸上都是表情，开口皆为谐语。一次讲《奥勃洛摩夫》，说“此人太懒，伸出的手掌和鞋底一样脏”。缪教授居然把他的鞋脱下一只与手掌并列。

读后我感慨有三。

其一，那个年头，一个大学的教务主任居然会关心一个学生是学哲学合适还是学外语合适。今天的学生能见到教务主任吗?大学四年恐怕连系主任的面也很少见吧。

其二，那个年头，学生转专业，学校看重的是个人禀赋、发展前景，而今天看重的却是专业之间的平衡，能不让人缅怀民国时期的教育吗？

其三，读《出师表》不下泪者，其人必不忠；读《陈情表》不下泪者，其人必不孝。教师本应是性情中人，文科教师更当如此。朱光潜先生是读别人的诗，浇自己心中的块垒——想起家国之恨了，鸟儿云中可飞，人却欲渡无桥！而缪朗山在教学中人入其境，不惜现身说法。如此真性情的教师岂非难得？

一个学生的选修课

《巨流河》里写到意大利留学归来的田德旺教授开设选修课——但丁与《神曲》研究，原有七八个学生嚷着要选修此课，结果只有三个人去登记，上课前还有两人退选，最后只有作者一人面对一位老师——田教授。

田教授原站在讲台后面也写些字，后来便找了把椅子坐下，而下面只坐了作者一个人……两周后大约都觉得有些滑稽，便到田教授家上课了，可以一边上课，一边为师母抱抱孩子。

为一个学生开选修课？在讲求“利益最大化”的今天几乎是神话、痴话、疯话。没有这样呆气的教授，更没有这样不为时潮左右、甘坐冷板凳的学生。

今天，我们判断一件事情是否有价值的标准全是工业化、市场化、功利化的，文化、教育概莫能外。票房、码洋、发行量、办学成本、师生比、升学率、就业率等，已经把神圣的精神生产者演变为锱铢必较的奸商了。

呜呼！我想回到战火纷飞中的国立武汉大学读书。

教育，就是做好普通的事

——再听魏书生报告有感

在呼伦贝尔市阿荣旗又听魏书生的报告。对于我来说，这已经是第三次听魏先生的报告了，已经没有什么新鲜感了。与会的代表中也有人说："没有什么新鲜玩意儿，还是讲十几年前的话。"

假如在十年前，我也会认同这种略有不屑的观点，但现在的"我"否定了先前的"我"，常常派生出的是更理性的思考：每天有新东西就好吗？新的一定就比旧的好吗？新与旧是如何相互依存、相互转化的？创新与继承是什么关系？创造出"新"的就是终极目标吗？

魏先生反复说，他只是一名普通的教师，每天做着普通的事。教育其实没有什么大事，没有太难做的事，都是些普通的事，都是普通人能做好的事，但做好了就不普通。教育属于人文科学，在人文科学中企图一夜之间就有重大发现，几乎是梦想。办教育，要有一颗平常心，守住老祖宗给我们留下的好东西，守住普通教师积累的好经验就行。

人类不仅要向前看，还要不断地往后看——向古人借智慧。作家龙应台曾说，"传统从来就不是死的，死的只是我们自己的眼睛"。言之有理！我们才活了几年，传统已经活了多少年？我们有资格批评传统吗？

中国人是思想早熟的民族，其教育思想一点儿也不落伍，落伍之处大半在体制、制度。孔子的因材施教思想比夸美纽斯类似的观点早了近两千年，朱熹所说的"圣贤施教，各因其材，小以成小，大以成大，无弃人也"也比其早了五六百年。"知之者不如好之者，好之者不如乐之者”是孔子对学习兴趣的作用的高度概括，两千年后，怀特海才说：“教师进课堂要做的头一件事就是使班级的学生乐意留在那里。”“授人以鱼，不如授人以渔。”就与联合国教科文组织在《学会生存——教育世界的今天和明天》中所说的“学会学习”“未来的文盲不再是不识字的人，而是没有学会怎样学习的人”如出一辙。“亲其师而信其道”就和心理学家罗杰斯的“成功的教学依赖于一种真诚的理解和信任的师生关系，依赖于一种和谐安全的课堂氛围”是一回事。

近些年，人们对传统，特别是教育的传统有回归的意向，不再把“传统”当贬义词，不再把近三十年出现的教育弊端推到“传统”身上。

在江苏省教育科学研究院主办，江苏省教科院基础教育研究所、安全文教基金会和无锡市滨湖区教育局联合承办的“学校创新的实践与理论国际研讨会”上，南京金陵中学校长邹正说：“如果（对传统）弃之不顾，或者只将其作为炫耀的资本，而不进行认真研究，并采取切实措施，将其转化为精神资源，那么，我们就无异于‘抱着金娃娃讨吃’。”江苏省锡山中学唐江澎校长则认为“能把历史激活恐怕就是一种创新了”。有人认为朱永新的“新教育计划”、李希贵的“新学校行动”、叶澜的“新基础教育”，虽然都冠以“新”字，但剥开其外衣，与其说是创新，不如说是回归传统，不如说是坚守。

人类常常是在祖宗划定的圈子里打转，所谓“新”者不过是外在的东西，而内核往往是不变或者少变的。

你可以发明计算机、互联网，但你再发明不出“天人合一”的宇宙观；人类或许可以登上火星，但再也创造不出“嫦娥奔月”“夸父追日”之类的神话。唐朝是“旧”的，在今天穿唐装则是摩登的；“绿色”原本就是农耕社会的最大特点，在今天吃绿色食品、住郊外别墅则是时髦的。裤腿隔两年细了，隔两年又粗了，粗粗细细，长长短短，循环往复而已。就连流行在青年人中的“乞丐装”也无非是三四十年前不少中国人无奈的选择，“七分裤”难道不能看到当年“困难时期”身体长高了，而裤子却“长”不高的影子？真是“没有什么新鲜玩意儿”。

北京大学教授李零说："传统是什么？不就是过去，好的坏的，一锅乱炖，跟现在没有什么两样，用不着拔高，用不着贬低。"教育真该过滤一下我们的"一锅乱炖"了，好的就坚守，不要再批发"新理论"；坏的就抛弃，不要再一股脑认为凡是"传统"的就该全盘恢复。守住老祖宗创造的"普通理论"，做好魏书生所说的"普通事"，到那时，中国的教育或许就不普通了。

绥远省教育厅的那些厅长们

——修《内蒙古教育志》有感之一

清代钱泳在《履园丛话》中说："郡县之有志，犹国之有史，家之有谱也。书因革之变，掌褒贬之权，发幽潜之光，垂久远之鉴，非志之不可。"

有幸，我受命修改前后有五六十人参与且拖延了二十余年的《内蒙古教育志》。虽因资料匮乏之扰，我备受熬煎，然一旦搜集到珍贵资料便如获至宝，常常追今抚昔，欷歔不已。遂录下一鳞半爪，以助记忆，也与"同类"分享。

绥远乃边塞苦寒之地，1917 年各省已设教育厅，而绥远 1922 年才成立了学务局。1924 年改绥远特别区学务局为教育厅，比内地晚了七年。1929 年称绥远省政府教育厅。至 1949 年，二十余年间，教育厅前后有近二十个厅长任职，短者一两个月，长者三四年。这些厅长多半为文化人、社会贤达，有着共同的特点：学历高、有著述、懂教育、专业化程度高。

1924 年 9 月，首任绥远省教育厅厅长郭象伋（字并卿）上任。郭象伋为前清秀才、拔贡，曾参加宣统已酉科太和殿朝考，获第一名，后为绥远通志馆首任馆长，今日所见之四百余万字的《绥远通志稿》便有其心血在内。

沙明远（字月坡），1925 年 2 月～12 月任绥远省教育厅厅长。沙明远为山东省临清县（今临清市）人，回族，山东优级师范学堂（今济南师范学校）毕业，曾受冯玉祥之命筹办绥远省第一所高等院校“五族学院”，曾任中华民国国会议员，陕西、甘肃教育厅厅长，著述有《冯督办略史》《宋明哲学》等。

李泰棻（字革痴），河北省阳原县人。李泰棻18岁考入北京大学专攻史地，后转入北京师范大学就读，曾任北京师范大学历史系主任，天津市教育局局长、教育部部长。1925年12月李泰棻任绥远省教育厅厅长。著有《中国史纲》《西洋大历史》等。他与李大钊相交甚密，1926年，李大钊为奉系军阀绞死之后，李泰棻冒杀头之险为之收尸、安葬。

郭贵暄（字麾霆），1926年10月代理绥远省教育厅厅长一职。郭贵暄是中国近现代教育家、学者、诗人、艺术家。北洋大学法律系毕业，1919年转入北京大学，后以法学、英语博士毕业。

祁志厚（字定远），绥远省萨拉齐县（今属内蒙古自治区包头市）人。北京师范大学教育学本科毕业，后赴哥伦比亚大学留学，获教育学硕士学位。抗战时，祁志厚与梁实秋在重庆有过短暂的交往。梁实秋在《北碚旧游》中说：“祁绥远人，人皆称之为‘蒙古人’，乡音甚重，不事修饰，而饶有见识，迥异庸流。”1928年，祁志厚任绥远省政府委员，后兼教育厅厅长。

阎伟（字致远），呼和浩特市托克托县人，留学法国，获纺织学博士学位，曾任国立绥远中学校长，1934年4月任绥远省教育厅厅长。

此外，还有秦丰川（先后在日本东京帝国大学、德国柏林大学留学）、张淑良（北京师范大学历史系毕业）等文人主政教育厅。

我们曾经有过一段昙花一现的“知识化、专业化”的时代，那是邓小平倡导干部“四化”的那几年。

从20世纪90年代之后，“学而优则仕”这个延续千年的古训、古律又被颠倒了，演变为“学而差则仕”。时下里“学而差”且登上仕途者，皆信奉“外行领导内行”是天经地义的，曰“知识分子当领导就会毁了事业，也毁了他自己”“秀才造反，三年不成”，一副不屑一顾的样子。

绥远省教育厅那些文人厅长们所处之中国，派系林立，各据山头，政局动荡，民不聊生，是为乱世。文人在这个环境下能做成什么，当然不敢高估。但民国时期尊重人才、尊重知识、讲求专业化的风气抑或体制，与温家宝同志所说的“让教育家办学”的思路相契合，很值得我们效法。

看民国时期的内蒙古教育

——修《内蒙古教育志》有感之二

中国历史上有不少官吏堪称“民之蠹也”，但也有不少名垂青史的好官。其中清末官员捐款办学便是一大风气。下面试举一二。

雍正初年，土默特左翼都统丹津与兵部尚书通智等联名奏请清廷将别人捐赠丹津修建其生祠的款项改建文庙，设立满洲教习，教授蒙旗子弟。清廷“洞鉴其诚，照所请准行”。于是于归化城（今呼和浩特市玉泉区）南门外建立文庙，成为漠南蒙古地区最早的文庙。土默特官学寄身于文庙的西偏院，正房三间为讲堂，东西房各三间是学生居室，西为箭亭，是习武场所。1886 年，土默特官学更名为启运书院。

嘉庆八年（1803 年），吏部郎中长白德纶“念义学废弛已久，乃自捐廉俸”，于旧绥道署西北重建学舍一所，名为古丰义学。后归化城、绥远城、和林格尔、清水河、托克托、萨拉齐的通判（类似于今天的县长或县委书记）“亦各输廉俸，共襄厥成”。

同治十一年（1872 年），绥远城将军定安“令八旗官兵捐资，于城内东南隅创建长白书院”。

类似的官捐办学，数不胜数，在此恕不做文抄公。现在有几个官员肯拿私人积蓄办学？少有。原因不复杂：第一，兴办教育乃政府之职责，无须政府官员个人出资；第二，官员是“人民的公仆”，哪来的多余钱？

原以为，武人还能关心教育？还能对教育发表什么真知灼见？不料真有武人能提到点子上的。

据1942年修成的《包头市志》记载，1931年1月，“孚威上将军”吴佩孚由宁夏、五原一路考察到包头，在高等小学门前接受地方士绅、军政官员欢迎时，就教育发表如下议论：“（绥远）地大物博，发展自由，是其长处。人民稀少，地不尽用，是其短处。自来有人此有土，有土此有财，有土无人，财由何生？此间人虽稀少，但土匪甚多，考其原因，由迁来之平民，教育未能普及之故。所谓普及教育，非仅谓多立学校即为普及，必须人人知晓纲常道德，自然改恶从善，方为根本之教育，社会始能安宁。”

这不是今天我们所说的“德育为首”吗？这不正与钱伟长的“办教育固然重要，但更重要的是办什么样的教育”如出一辙吗？

后查资料才知，吴佩孚不全是我们从教科书上看到的那个军阀的样子。

1919年，“五四运动”爆发，吴佩孚通电反对在巴黎和会上签字，支持学生运动。伪满洲国成立后，吴佩孚曾通电声讨溥仪充当伪满傀儡，也拒绝日伪拉他下水。1939年吴佩孚患牙病高烧不退，日本牙医受命于土肥原贤二将其谋杀，吴佩孚命丧牙医刀下，时年65岁。

此外，他还是亮相美国《时代》杂志封面的首位中国人。

原以为傅作义也是一位武人，其功勋在长城抗战，在和平起义，使千年古都和几百万生灵免遭涂炭。细翻史料才知，傅作义之于绥远教育功莫大焉。

1931年，傅作义被任命为绥远省政府主席，曾兼任教育厅厅长八个月，高度重视当地的教育事业，在经费上给予了足够的保障。绝大部分教育经费由财政厅省库直接拨付。1932年，傅作义在处分匪产时，决定将其中二分之一作为县教育经费。所余的一半中的二分之一又提作省教育费（内蒙古图书馆藏《绥远教育公报》卷三第2期），并规定：“凡关教育款产专用于教育事业，不准移作它用。”傅作义还为省立小学教师增加工资，使教师工资每月可达30元。为提高各中学的教学水平，他让省教育厅重金把董逐年、赵树堂等内地名牌教师聘到绥远省兼课。同时实行中等学校学生奖学金制度，分别按考分高低颁发奖学金。

傅作义还特别重视儿童教育，专门制订了《调查学龄儿童纲要》，规定各县局区长、乡长负责对学龄儿童的实际调查工作。每次学龄儿童调查完后，应由各县局长根据失学儿童数字和地方经济情形，妥拟推广学校计划，呈请核办，以使失学儿童逐渐减少。

原以为，实施义务教育是 20 世纪 80 年代我们的创举。不料 1933 年绥远省就制订了《绥远省教育厅实施短期义务教育计划》，目标在于使全省 10 岁以上 16 岁以下的失学儿童均要接受一年的义务教育，并拟于 7 年内普及全省短期义务教育，自 1933 年起为第一年，于省会及各县城的小学校内附设短期小学班 150 班，每班 40 人，授以部颁课本，作为实验班。第二年强制省会及各县县城失学儿童入短期小学接受一年义务教育。时间虽短了点儿，但在国难当头、民生凋敝的年月，能为教育谋此大计，实属远见卓识。

原以为，内蒙古地区的职业教育兴起始于 20 世纪 80 年代，不料此前五十多年前就有人筹划兴办职业教育了。

1924 年，中国大学毕业生丘咸、赵堪等人就在归化城文庙街土默特总管署附近办起西北实业学校，开设商科，次年被收回公办后，增加林垦科、农业专修科等。

1934 年，傅作义认为本省为皮毛集散地，急需发展毛纺制革工业，遂改当时的中山学院为归绥工科职业学校，分为毛织和制革两科，并聘请美国和比利时留学生贺家生与段碧峰分别担任班主任。同时购买新式机器，给工科职业学校建设了毛织厂和制革厂，作为实习基地。傅作义认为，要大办实业，发展工农业，没有大量实用型专门人才是不行的，于是充实了绥远农业职业学校，增设了畜牧科，以培养科学种田和改良畜牧中等技术人才。1934 年，傅作义向蒋介石陈述绥远省亟须发展畜牧生产，苦无经费成立培养专业人才的畜牧学院。蒋介石予以支持，为其拨款 6 万元。

1941年，傅作义在河套兴办了奋斗中学，并提出了“体德智兼修，教学做合一”的校训。第一句源于古希腊的教育思想，第二句源于陶行知的教育主张。至今七十多年过去了，这条校训仍熠熠生辉，与今天那些司空见惯、空洞无物的校训比起来简直是天壤之别。

原以为，征收教育费附加是20世纪90年代的事，不料20世纪30年代就开始了：“在各项统征税捐中，呈准附加之教育经费所征税捐如不变更办法，其成数永远不得减少，如统征税率增加时其附加比例亦增加。”并规定了严格的专款专用制度和税收保障制度。

原以为，1949年之前内蒙古地区没有高等教育，不料，1925年，西北边防督办冯玉祥就在归绥创办了五族学院，后更名为中山学院，招收大学预科一个班，后来改为高等师范。1927年又改高等师范为文史专修科。文史专修科不就是内蒙古高等教育的雏形？

原以为，1949年之前内蒙古地区幼儿教育是空白的，不料清末这里就有了学前教育的雏形。

清光绪三十年（1904年），外国传教士在萨拉齐县小巴拉盖村办有一处“天主学堂”，内设婴儿班。清光绪三十二年（1906年），以包头南海子渡口的收费作资金，在萨拉齐和包头设蒙养学堂，收学童20名为定额。20世纪30年代，磴口县各公立小学和教会小学普遍设有幼稚班。这一时期，归绥的幼儿教育开始起步。《绥远省教育厅二十年行政报告》中的记载反映了当时幼儿教育的情况：“本省风气晚开，方积极于中小学办教育，所有有关幼稚教育之幼稚园尚付阙如，亟应加紧筹设，藉补小学教育之不逮，以期正本清源。”

据记载，至1934年绥远省有幼稚园4所。1935年7月，绥远省立女子小学在归绥旧城剪子巷附设幼稚园一处，名为归绥第一幼稚园，招收3至6岁男女幼儿60名。

1936年，在《绥远省教育厅二十五年行政总报告》中，有省立第一幼稚园的建筑开支情况记载：“省立第一幼稚园——建筑礼堂、教室、游艺室及厨房、宿舍，共用洋四千三百七十余元。”1938年，土默特特别旗旗立小学附设幼稚园一处。

此外，你还可以看到清末民初教育者对教育思想、教育观念、课程、评价方法等的论述，其深刻之程度、弊端之指陈、见识之高远，与今天我们的苦思冥想并无二致。

朱永新教授曾说，当一些理念渐被遗忘，复又提起的时候，它就是新的；当一些理念古被人说，今被人做的时候，它就是新的；当一些理念由旧时的背景运用到现在的背景去继承、发扬和创新的时候，它就是新的。新则旧矣，旧则新矣。我们能逃脱前人的“如来佛掌心”吗？我们能小觑他们吗？我们的历史责任是顺着前人的思路一代又一代地走下去，而不是每天更弦改辙。

是否把孩子当“白痴”了

——民国教材引发的思考

去年买了三套民国时期的教材，阅读了商友敬主编的《过去的教师》，才隐约地感觉到：如今的语文教材，就启蒙而言，相比于古时，反而倒退了。难怪力主用白话文取代文言文的胡适在《中学国文的教授》中说：“现在学制的大弊就是把学生求知识的能力看得太低了。现在各级学堂的课程，都是为下下的低能儿定的，所以没有成绩。”现在的语文教学，是不是还“把学生求知识的能力，看得太低了”呢？

请看几位文化名人的回忆。

梁实秋：“我的二姐、大哥和我三个人在西院书房受教于这位老师。所用课本已经是新编的国文教科书，从‘人、手、足、刀、尺’起，到‘一人二手，开门见山’，以至于‘司马光幼时……’。《三字经》《百家姓》《千字文》这一段就没有经历过。”（这就是“集中识字”）

齐如山：“我从三岁上，就从着先父在枕头上认字号，并带着学念诗，是先用嘴念，不认字。四岁时便跟着别的老师上学，一进学房门就念《三字经》。那个时候，先生只管教给你念，不管给讲，到十几岁方连读带讲，叫‘开讲’”。

金克木：“我上小学时白话文刚代替文言文，国语教科书很浅，没有什么难懂的。五、六年级的教师每星期另发油印的课文，实际上代替了教科书。他的教法很简单，不逐字逐句讲解，认为学生能自己懂的都不讲，只提问，试试懂不懂。……教科书可以不背，油印课文非背不

可。”（反映了当时一部分教师对“新学”国文教材不满）

潘旭澜：“我走进小学时，语文——那时叫‘国语’的第一课是‘开学了，开学了。学校门前国旗飘。见先生，行个礼。见同学，问声好。’”

霍松林：据1998年1月4日《教师报》载，他幼年时与父亲从村里一所小学经过，听到学生读“大狗叫，小狗跳”，霍父大为反感：“童年记忆力最强，应该读一些正经书，大好时光却教什么‘大狗叫，小狗跳’，顶什么用?”于是不准儿子进小学，在家里亲自教他读书。

陶行知先生在《教学做合一下之教科书》中也有类似论述：他认为如“大狗叫，小狗跳。叫一叫，跳两跳”这般教科书，若非无奈，谁愿意买这种有字有音而没有意义的东西呀？还不如《红楼梦》中刘姥姥赴贾母宴会时引得大家哄堂大笑的几句话——“老刘，老刘，食量大如牛，吃个老母猪，不抬头!”有意思呢。

这些回忆是发人深省的。再翻翻今天的启蒙教材，这种矮化儿童智力的“传统”多少也继承了些。

儿童入学学语文不应是学语言的起始，而是转换了学的方式，即增加了文字符号——形，“声”和“义”，早已烂熟于心。6岁的孩子能说出很复杂的句子，能运用很有文化、很有味道的词语，在今天这个信息化的社会尤其如此。可是编教材的专家们却无视这个规律，也无视这个时代的变化，仍然编一些类似扫盲用的句子，如“老师好!”“对着国旗敬个礼!”怎能不让入学前就听了大量故事、看了大量动画片的孩子们失望，甚至厌学呢?

苏霍姆林斯基说过，如果儿童在学习中感到一切都很容易，那么就会渐渐地养成懒于思考的习惯，这会使人堕入歧途，形成一种对待生活的轻浮态度。如果学习过程不能在儿童面前设置一些能够克服的困难，那么，这种懒于思考的习惯倒是多半先在那些有能力的学生身上滋长起来。而且，懒于思考的习惯有多半是在低年级养成的，所以不要让儿童无所事事。

陈寅恪的语文考试命题观

——读《与刘叔雅论国文试题书》有感

1935年，陈寅恪应清华大学国文系主任刘文典（字叔雅）之邀，为新生入学国文考试命题，作文题为《梦游清华园记》，另一试题则为对对子：一年级试题为“孙行者”和“少小离家老大回”，二、三年级转学生试题为“莫等闲白了少年头”（当时清华是可以招收“插班生”的）。此题一出，舆论哗然。当时，新文化运动发生已经十余年，此举显然有“复旧”之嫌。为此，陈寅恪写了《与刘叔雅论国文试题书》一文，阐述他对语文考试命题的看法，其间囊括了如何看待传统文化的问题。

陈寅恪先生谈了国文考试命题的方法与原则，他认为：“其（国文考试）形式简单而含义丰富，又与华夏民族语言文学之特性有密切关系者，以之测验程度，始能于开卷定分之时，有所依据，庶几可使应试者，无甚侥幸，或甚冤屈之事。阅卷者良心上不致受特别痛苦，而时间精力俱可节省。”

“形式简单”“时间精力俱可节省”，说到底是由考试的特性决定的，从检测的角度讲，一张试卷无论出得多么好，都无法涵盖一个人全部的语文素养。但考试的特性又决定了其不能像自然科学实验那样反复实验、反复测量、长期观察，当年精英教育时代不能，在高等教育几乎大众化的今天就更不可能了。但命题要“含义丰富”，从中体现出民族语言的特点，考查答题人的文化涵养，是母语考试的目的和本旨。这不仅是对考生的考验，更是对命题人的巨大考验。

陈寅恪先生认为传统的对对子有利于达到上述目的，他谈了几种对对子与国文素养的关系。他认为对对子有四大功能：一是可以测验应试者能否知虚实字及其应用；二是可以测验应试者能否分辨平仄声；三是可以检测应试者读书之多少及语藏之贫富；四是可以检测应试者思想的条理性。这四条，除第二条（分辨平仄）外，不也是我们今天语文教育乃至考试的主要目的吗？犹以第三、四条切中语文考试命题的要旨：语言文化储备的多与寡、行文表达的顺畅与阻滞、条理是明晰还是紊乱，确实是语文素养的分水岭。

据传，那年参加清华入学考试，把“孙行者”对之以“胡适之”的有周祖谟、张政烺，段学复对之以“祖冲之”。后来三人都成了著名学者，周祖谟是中国文字、音韵、文献学家，张政烺是史学家，段学复是数学家。今日高考作文命题走的不是“形式简单而含义丰富”的路子，所测验的不可谓不详备，命题不可谓不浩繁；设问诡谲，常让人不知所问为何，更不知为何这样问。深为学人及考生所诟病。

在赤峰市遇到特级教师洪镇涛，闲谈间，问及一个一直疑惑而不得其解的问题：“今天的班级授课制和私塾相比，哪个成功率更高一些？”洪老师沉思良久，回答，起码在语文教学上私塾的成功率远远高于班级授课制。

查阅资料后发现，科举考试的合理成分颇多，所考的三场皆为作文：第一场做八股文，侧重考查考生对经典文化、圣人先哲思想的修炼，内容多出自《四书》，这不就是陈寅恪所说的“测验读书之多少及语藏之贫富”？由于科举考试是为国家选拔官员，写公文是必备的功夫，故而第二场考的是应用文，看其能否写出规范的、典雅的公文；第三场是策论，考生必须对国计民生之大事发表自己的看法。考法可谓全面准确，我们怎能简单地认为科举考试迂腐不堪呢？可见，从先人那里寻找语文考试命题的灵感未尝不是一种思路。

不擅讲课的教师怎么办

——从不会讲课的民国大家说起

照理说，名家、大家，学养深厚、博古通今，讲课应该不会太差。其实不然，试举几例。

周作人讲课效果极差。据梁实秋在《忆岂明老人》中记载：“他坐在讲坛之上，低头伏案照着稿子宣读，而声音细小，坐第一排的人也听不清楚。”比起其兄鲁迅讲课那种纵横开阖、诙谐幽默相差十万八千里。

爱因斯坦也不适合当教师。据说他口吃，思维速度超过口头表达的速度。但爱因斯坦很懂教育，他对教育的论述极为精辟，可惜自己不能身体力行。

沈从文讲课毫无章法，口齿不清。但沈从文为人诚实，有自知之明，一开课便会说：“我的课讲得不精彩，你们要睡觉，我不反对，但请不要打呼噜，以免影响别人。”这么谦虚地一说，反倒让学生有了几分敬意。

沈从文曾应青岛大学校长杨振声的邀请，在青岛大学国文系开设“中国小说史”和“小说创作”课程。起初有 25 个学生听课，一年后只剩下了 5 个学生听课，其中 2 个还是旁听生。

据说哲学家冯友兰说话时有些口吃，一句“学而时习之”到了他嘴里，半分钟说不完。

为什么会这样呢？

原来讲课和做学问是两套系统，前者是及时性的，像话剧，不可重来；后者是滞后性的，可以“一天的路程三天走”，像电影、电视剧，不满意，重拍便可，呈现给观众的总是最完美的。

名家、大家，学问深、涉猎广，储备太杂，很容易陷入学问的泥淖而无法自拔，容易“深入深出”。其实学生不需要那么庞杂、深奥、繁复的东西，即使需要，也是逐级完成的。因此，面对不同学段的学生要传授不同层次的知识，以不同深度的话讲课。

此外，讲课与口才有关，做学问与口才无关，与思维方式、个人见识有关。而口才确实与天赋有关，后天训练也有一定作用，如相声演员每天练习“贯口”：“吃葡萄不吐葡萄皮儿，不吃葡萄倒吐葡萄皮儿。”因此，一些师范院校便开设了一门“教师口语”课。能有多大作用？或许有用，但未必能解决全部问题。

讲课与听众有关，是讲课者与听众共同演一场戏，又叫“互动”，不一定全是语言上的你来我往，一个眼神的交流、一个惊讶的表情、一个肢体语言，都是互动；而做学问与听众无关（文章写出后与读者有关，但也是做完学问之后的事了），是纯个性化的劳动，我脑思我题，我笔写我话。十年冷板凳，一朝名声扬。

那么，不擅长讲课的人阴错阳差当了教师怎么办？改行？不舍，或者来不及。他们也能当个好教师吗？能。有两个例子可以佐证这个观点。

例一：有一年到一所学校采访，一位地理女教师口吃，她便扬长避短，在引导学生自学上下功夫，效果奇佳，那些善讲者都比不过她。

例二：四十多年前，某中学一位初中毕业的学生留校教高中数学，不仅不会讲，面对繁难的高中数学，自己也不会。于是他“不耻下学”，和学生站在同一起跑线上学数学。三年下来，他们班数学成绩最好，远远超过那些会讲、会教、会训练的教师所带的班级。

怪哉？也不怪。

不擅长讲课的人应该向盲人、聋哑人学习：嘴不行，就用脑；不擅讲述，就引导学生自学。自我教育是学习的最高境界，要设法让学生除掉“只带耳朵上课”的恶习，因为人的学习是个体的、脑力的、自悟的。讲得好不如学得好。教，是为了不教。

那么，学生遇到不擅讲课的好教师怎么办？愚以为，可以学其精神、模其举止、读其讲义、探其路径。

“莫把金针度与人”

——禅宗教学法的当下意义

用唯物主义的观点看宗教，宗教显然是一种颠倒着看世界的理论或思想。但宗教又不同于迷信，它有完整的神学体系，欲使自身的理论自圆其说并生存发展下去，欲使信徒理解那些深奥晦涩的教义并虔诚地相信：这是真实的。这当中教育方法必定起着重要作用。

禅宗在长期的发展过程中形成了一套独具特色的教育方法。据胡适先生的归纳，禅宗的教学方法大约有五种：不说破、疑、禅机、行脚、悟，但核心是与“渐修”相对应的“顿悟”二字。

禅宗怪诞奇特的教法，始于8世纪的马祖道一。他不用语言文字来教育学生，常用扬眉、瞪眼、呵斥、竖指、拍手、翘足、棒打等方法启发学生，让学生自悟。据说有一个和尚问他“何为西来意”，他举杖便打那个和尚，边打边说：“我若不打你，别人会笑话我。”又有一个和尚问同样的问题，他干脆打了对方一个耳光。

唐代著名禅师百丈怀海在马祖道一门下学禅时，师徒两人外出散步，看到一群野鸭子飞过去。

马祖问：“是什么？”

“野鸭子。”百丈回答。

“飞到哪里去？”

“飞过去了。”

马祖回头扭住百丈的鼻子，百丈大声叫痛，马祖问：“何曾飞去？”

听了这话，百丈似有所悟。马祖是以野鸭做媒介，指点百丈，岂可随境转移；扭百丈的鼻子是警示，表示他说错了。

百丈回到宿舍后，就大声哭泣，过一会儿又“哈哈”大笑。朋友们觉得又好笑又奇怪，问：“你之前哭，现在为什么又要笑呢？”

“我就是以前哭，现在笑。”

第二天说法时，马祖刚上座，百丈卷起坐垫就走，马祖就下座回去，百丈也跟着回去。

马祖便问：“刚才我正要说法，你为什么就走呢？”

“因为我的鼻子被你扭得痛极了。”

“昨天你的心想到了什么？”

“今天我的鼻子已经不痛了。”

“你已完全了解了昨天之事。”

局外人看来完全是云里雾里，但师徒二人却明白了对方的意图。

禅宗认为语言文字不可能把佛理全部表达出来，因此，执教者常常不做正面、详尽的解释说明，而是借比喻、隐语、双关、棒喝等方法让弟子心领神会。禅宗流传下来的这种教育故事，有的确实体现着禅学大师的智慧，他们的所言所行诙谐幽默、包含哲理、富有启迪性，让人回味无穷；有的则因过分强调人的悟性而致语义晦涩，尤其是“棒喝”（如马祖教诲百丈），它固然可以强烈地刺激、暗示、启悟对方，但达到“顿悟”境界毕竟不易，思维迟钝者往往遭遇棒喝之后仍丈二和尚摸不着头脑。

禅宗的这些教育方法，一些行当也在使用，如工匠、艺人。一位小铁匠打好的刀，刀刃始终是一条曲线，便向师傅请教秘诀，师傅没有正面回答他，而是使劲用刀拍了一下他的背，小铁匠茅塞顿开：要想刀刃平直，必须锻打刀背！

禅宗的教育方法对现代教育有什么样的启示呢？

其一，启发，永远是教学方法的高境界。

隐语也罢，棒喝也罢，虽在做法上有高下文野之分，但本质都是启发。与孔子所说的“不愤（思考而仍不得要领）不启，不悱（想说又未能说出来）不发”以及荀子所说的“不问而告，谓之傲（急躁），问一而告二，谓之时（多嘴）”有异曲同工之妙。据说，有一次孔子带着他的弟子去向老子请教。其时，老子正闭目养神。孔子上前行礼后便恭敬地站在一边，等待老子醒来。过了一会儿，老子睁开了眼睛，孔子立即带领弟子上前行礼，并说明来意。老子张大嘴巴，指着嘴里问孔子：“你看我的牙怎么样？”孔子看到老子的嘴里一颗牙也没有了，就说：“先生的牙已经掉光了。”老子又指了指舌头问孔子：“你看我的舌头怎么样？”孔子回答说：“先生的舌头还健在。”老子听完后又闭目养神去了。孔子赶忙率领弟子恭敬地行礼后退出。

离开后，众弟子问：“你不是带领我们向老子求教吗？怎么他什么也没说，我们就走了呢？”

孔子说：“老子不是给我们讲了很深的道理吗？牙齿是刚强坚硬的，但实际上是软弱的、短暂的；舌头表面上看是软弱的，但实际上却是刚强的、长久的。这说的不是刚柔的道理吗？”

不说破，佛家原本的意思是，人人都有佛性，不必向他人问——真理是最简单的，说破了就不值半文钱了。禅宗大师从来不肯轻易替人解说。它给我们的启示是不说破，就是让学生自己去体会。不说破，才能使一千个读者有一千个哈姆雷特，才不会一览无遗，才不会扼杀学生的想象力。

其二，要相信学生的悟性，让其经历“痛苦”的思维过程。

禅宗师父回答弟子的问题时，或答非所问，或避而不答，用打、笑、做手势等方法回应弟子，充满神秘感和诡异性，谓之“禅机”。有位老宿问惟政大师：“太阳光穿过了窗户，是窗就日，还是日就窗？”惟政大师却说：“你的房间里有客人来了。回去吧。”从物理学、天文学来看，这是个物体运动相对性的问题。禅宗大师不直接回答问题，只是给对方一点暗示，为其留下思维的空白。这种需要对方在逻辑上“搭建桥梁”才能理解的做法，对今天的教学颇有启示：直接告知答案，学生则无法经历“结论得出的过程”，记住的只是“然”，根本无法明白“所以然”。

基础教育所学多为前人证实了的现成结论，还有必要让学生经历前人的思维过程吗？有！因为思维是训练出来的。人脑是一个加工器，而非单纯的储存器。周作人曾在《苦竹杂记》中说过：“我只觉得现在的中小学校太把学生看得高，以为他们是三头六臂……一天八点十点的功课，晚上做各种习题几十道，写大字几张……我想这种教育似乎是从便宜坊的填鸭学来的，不过鸭是填好了就预备烤了吃的，不必管他填了之后对于鸭的将来生活影响如何，人当然有点不同罢。”不把现成答案和盘托出，教师只用只言片语点拨、暗示学生，这是对学生学习能力的尊重。表面看，师生费尽周折，有故弄玄虚之嫌，但实际上，学生受益最多，他们是经过艰苦的跋涉才达到真理的彼岸的。

其三，学生对结论、原理“马上明白”“无惑”不一定就好。

禅宗有“行脚”一法——按我们今天的理解，就是在社会实践中寻找答案。弟子挨了打还是不懂，就一双草鞋、一个饭钵云游四方，请教四方高人，说不定哪天就突然顿悟了——原来如此！朱熹很欣赏佛家的这种做法，主张要学僧家行脚，交结四方贤士、观察山川地势、考测古今治乱之迹、经风霜雨露之苦，于学问必能得益。今天，我们不能把学生关在笼子里灌输“真理”，切断他们从生活实践中获得教益的路；不应过分注重效率，不能认为学生“马上明白”才好、下课时没有问题走出教室才算成功。

其四，鼓励质疑精神。

洞山和尚是云岩大师的弟子，有人问洞山：“你肯定你的师父吗？”他回答说：“半肯半不肯。”人问“为何？”他说：“若全肯就辜负了先师。”就是说如果弟子对老师说的话全部肯定，唯唯诺诺，没有质疑，不敢越雷池一步，没有自己的思考，连老师都会失望的。这不与我们今天提倡不唯师、不唯书、不唯名人的教育理念相同？

禅宗倡导的是“顿悟”。

老子用打比方、打哑谜的方法，让弟子自悟，比禅宗的“顿悟”早了一千多年。但“顿悟”有个前提，就是悟性要好，要聪慧、敏感。孔子求教于老子，孔子“顿悟”了，而他的弟子却“未悟”，这就是个体聪慧度、社会经验、人生体验的差别所致。教育的难点在于怎么培养、激发学生的悟性，把这些“不悟的弟子”转换成“顿悟的孔子”。

就效率而言，禅宗“不说破”式的教学方法，用时长、效率低，适合小班化教学。在班级授课制下，在处处讲求高效、快速，只求结果、不问过程，急功近利的今天似乎有些过时了，但它确实能启发人的智慧。学生在寻找结论过程中的甘苦与感悟都对开发智力、寻求方法有着不可估量的作用。这就是禅宗教学法的当下意义。

我眼中百年来最有价值的语文教育思想

——在赤峰市的一次同人讨论纪要

主持人/孙志毅：

语文单独设科始于1903年，至今已经一百多年了。相比于其他学科，语文课最难教，语文教师最难当，语文教学受到的社会指责最多，语文界的学术争论也最活跃，语文教学方法五花八门、莫衷一是。这也说明，经过一百多年的发展，语文学科仍然不够成熟，未厘清的问题仍然很多。

2003年冬，我曾经和丁培忠先生商量，可否以内蒙古教育杂志社和内蒙古语文教育学会的名义动员内蒙古语文教育界人士开个具有纪念性、回顾性的会议，梳理一下百年来语文教育的成败得失。丁先生欣然应诺。但不久丁先生猝然离世，此事被搁置了下来，成为一大遗憾。

系统梳理、总结百年来语文教育的成败得失，固然不是我们学养所及，但老、中、青三代坐在一起，想一想、议一议，梳理一下我们的思路，总归是有好处的。基于这个想法，我们在赤峰市召开了这个讨论会。我希望诸位能围绕百年来最有价值的语文教育思想谈起。我始终认为，思想是引导实践的火把，在生活中似乎没有没思想的行动，没有正确的思想作为指导，实践往往是盲目的、非科学的，即使做对了，也是“瞎猫碰上了死耗子”。现在我们倡导教师要做有思想的教师，我认为，做有思想的教师未必是要求每个教师都要有原创思想，也可吸收消化前人已被认可的教育思想，并付诸实践。

赤峰市喀喇沁旗田家炳中学/巴易尘：

先梳理语文教育思想是对的，因为在任何一个学科，教育思想与教育方法都是“道”与“术”的关系。“道”永远高于“术”，方向永远比方法重要；教什么永远高于怎么教；为什么而教永远重于怎样教。这个观点同样适用于语文教育。因为思想之下可以有无数个方法，但在同一问题上往往正确的思想只有一个。方法是通向“罗马”的大道，但大道不会只有一条。为什么要去“罗马”呢？是因为有一个思想在指导着、影响着。

赤峰市红山区教研与培训中心/周宏：

思想重要吗？对于这个问题所有教师都会有同样的回答：思想很重要。思想之于我们的教学好比人的骨头、巧妇手中的米粮……

拿语文学科来说，源远流长的华夏文化中有许多历经千年考验的语文教学理论。如文以载道——学文与做人，汉字为本——识字与书写，读思并重——熟读与深思，本参兼顾——经读与博览，重在意合——涵咏与体悟，学贵乎勤——多读与多写。这些不仅是我们中华民族的巨大精神财富，更是每一位语文教育工作者的巨大财富，许多教育思想早已被广大教师接受和认同。

主持人/孙志毅：

我们一定要纠正一个普遍存在的误区：研究教育思想是专家学者的事，与一线教师无关；学名家，只学其技巧、方法便可，不必学其思想精髓；一旦模仿没有效果，就认为学名家也没用。

赤峰市红山区教研与培训中心/周宏：

为什么思想一直都得不到重视？

在实际教学中教师重视的是教学方法，如怎样导入新课更能激发学生的兴趣、怎样设计问题更容易被学生接受、怎样的课堂语言更能激发学生的学习热情，等等。其实就我个人而言，也喜欢看有关课例设计、教学片段赏析的文章，参加培训最喜欢听名师的课以及教学经验类的介绍等。

其实我们都知道，如果没有思想做支撑，哪来的精彩课例？哪来的名师？哪来的精美教材？就好比，人没有了骨头，还能顶天立地吗？巧妇手中没有了米粮，还能做出美味的佳肴吗？

我们之所以喜欢课例和名师，是因为他们把思想诠释了，他们把思想转化成了我们看得见、摸得着的教学行为。

我们都知道，思想不能直接用于课堂实践。正因为如此，教师才对思想的学习不感兴趣，但思想对于教师教学来说既重要又需要。在现实中，我们对思想的认识存在这样一些误区。

其一，把思想等同于口号。“一切为了学生，为了一切学生，为了学生的一切”，这句话大家耳熟能详，有些学校甚至把它作为办学宗旨，写在校园的醒目处，使它成了“以人为本”思想的化身。我们把这句话和“以人为本”的思想做比较就会发现，其要比“以人为本”的思想狭隘得多。

其二，把思想等同于模式。洋思中学、杜郎口中学，通过多年来不倦地探索形成了自己独特的教学模式。许多学校在对其进行参观学习之后，不先去研究这些做法是基于怎样的思想支撑，而是马上套用这些模式，结果只是东施效颦。

其三，把思想等同于运动。一说素质教育，便开展课堂活动；一说课程改革，便把学生座位由“排排坐”改成“团团坐”；一说校本研修，便是教师集体备课；一说大语文观，便把课本一扔交流各种课外资料……

凡此种种被异化了的“假思想”现象，使原本丰富的思想简单了、肤浅了、模糊了、片面了，甚至是扭曲了、变质了。

包头市三十三中/曹权：

华东师范大学的王荣生博士在《语文教育研究大系（1978～2005）》的总序中说，我国的语文教育研究一直难以呈累进状成长，迄今为止的语文教育研究，多数停留在低水平的重复上，有许多还只是停留在抒发个人的即兴感慨上，缺乏学术的价值。这一看法基本概括了我国语文教育研究的历史和现状——发展缓慢，较少真知灼见；研究的常常是老问题，有价值的思想还没有转化为“生产力”。

但是，就是在这极其缓慢的发展中，一代又一代语文教育工作者仍然为语文教育的理论和实践做出了贡献，推动了我国现代语文教育的发展。

譬如，在教育思想上，叶圣陶先生提出的“教是为了达到不需要教”的观点，至今仍是指导教育实践的重要理论。在教材功能的定位上，在民国时期叶圣陶先生就提出了“例子说”，大意是语文课程内容应该是一个个的词句以及整篇文字所体现的词法、句法、章法等共同的法则和共通的样式，语文教学就是探讨那些共同的法则和共通的样式，而“选文”则是说明共同的法则和共通的样式的例子。这无疑是自语文单独设科以来最有价值的思想，对语文教育的研究和发展产生了深远的影响。

主持人/孙志毅：

我做过七年中学语文教师，从事教育杂志，特别是语文教学研究稿件的编辑工作已经十七年，杂而不专，浅尝辄止。我斗胆归拢了一下，觉得从清末、民国直到今天，近百年间以下思想应该是最有价值的。

一是叶圣陶先生的“教是为了达到不需要教”，这不仅适用于语文教育，同样适用于其他学科。在 1977 年为《中学语文》复刊题词时，叶圣陶先生便明确阐述了这一思想。

“我想，教任何功课，最终目的都在于达到不需要教。假如学生进入这样一种境界，能够自己去辨索，自己去辨析，自己去历练，从而获得正确的知识和熟练的能力，岂不是就不需要教了吗？而学生所以要学要练，就为要进入这样的境界。给指点，给讲说，却随时准备少指点，少讲说，最后达到不指点，不讲说。这好比牵着手走，却随时准备放手。这上头，教者可以下好多功夫。”

二是语文教育家洪镇涛提出的“学习语言不是研究语言”。第一次听到这个观点时，我拍案叫绝：这可是说到点子上了。语文教学的

“少、慢、差、费”不就是研究语言的结果吗！

洪镇涛先生认为，学生来学校上学是为了学习语言，而不是为了研究语言。研究语言是专家学者的事，不是普通国民教育的任务，而且二者的途径、目的、方法全不一样。

学习语言是通过感受、领悟、积累（即吸收信息，其途径是听、读）和运用语言（表达，其途径是说、写）来提高语文能力的。而研究语言是针对语言材料和语言现象，从不同方面、不同角度揭示其规律。前者要求学习者要大量接触语言材料并将其化为己有，注重感受、领悟、积累；后者是从语言材料中抽取系统的语文知识，重在归纳、分析、比较。前者重语感，强调直觉；后者重思维，强调理性。

一个游泳教练不会认为运动员的水平是靠掌握系统运动学知识来提高的。运动员水平是通过实践、操作、领悟（必要的点拨）、积累（经验、技巧），循环反复，逐步提高的。

最近看到启功先生的一段话，说他给学生上课，很少做琐碎的诠释，常常是一遍又一遍地吟诵要讲的诗词，让学生去感受体味。他说一篇作品，如果还没有很好地感受它的文字之美、声律之美，就急着去分析其思想性、艺术性，实在是得不偿失。真是英雄所见略同！

赤峰市教育教学研究中心/丛智芳：

“学习语言不是研究语言”是在语文教学重理解、轻积累，重分析、轻实践，追求讲深讲透、忽视自悟自得的现状下提出的，其对语文教学弊病的诊断可谓一语中的。这一思想的提出，驱散了笼罩在语文教学天空的迷雾，明确了语文教学的终极目标。

诚然，学习语言和研究语言有本质的区别，但在教学中也绝非泾渭分明，互无往来。学习语言强调积累、实践、自悟自得，但也离不开教师的引导，如引导学生体会语言的表达方式。而这时的研究语言，指向的目标不是语言内部的规律，而是语言表达效果之妙。

可以举个例子，《只有一个地球》是人教版语文六年级上册中的一篇文章，不说这篇文章利用多种说明方法来讲述地球是唯一的及地球的脆弱，呼吁人们要保护地球，单就一些词语传递出来的信息和情感，就应该引起学生注意：

“人类生活所需要的水资源、森林资源、生物资源、大气资源，本来是可以不断再生，长期给人类作贡献的。但是，因为人们随意毁坏自然资源，不顾后果地滥用化学品，不但使它们不能再生，还造成了一系列生态灾难，给人类生存带来了严重的威胁。”

纵观这两句话，如果去掉前一句话中的“本来”一词，意思并没有什么改变。但是作者为什么要用“本来”呢，这个词语传递出的是什么呢？仔细阅读文本，就会透过这个看似平常的词语，看到人类对自然资源的破坏之严重，更会品出作者对人类这种行径的强烈不满和谴责。在读书过程中这样对语言进行品析研究，有利于学生感受语言的魅力，使学生喜欢上积累语言。

可见，研究语言有时候是必须的，它可能是学习语言的一种方式。如孩子们通过研究语言，可以达到品味、比较的目的。但怎样把握这个度恐怕是个难题，教师不好把握。

赤峰市敖汉旗教研室/李化中：

洪镇涛先生并不一味地反对研究语言，他所说的研究并不是我们今天所说的探究，而是教师那种学者式的烦琐分析。另一层意思是，教师的分析研究不能代替学生学习语言的实践。

赤峰市喀喇沁旗教研室/韩树培：

全国著名语文特级教师洪镇涛于20世纪90年代，针对语文教学中存在的失误——以指导学生“研究语言”取代组织和指导学生“学习语言”，以对语文材料（包括内容和形式）的详尽剖析取代学生对语言材料的感受和积累——提出了“变研究语言为学习语言”的语文教育思想，构建了以学习语言为核心、以语言和人的发展为本体的语文教学新体系。

洪先生认为，组织和指导学生学习语言包括两个方面的内容：一是培养学生正确理解祖国语言文字的能力；二是培养学生正确运用祖国语言文字的能力。这两个方面的任务，就是语文教学的根本任务。通过听、读教学来积累语言材料，从而培养学生理解祖国语言文字的能力；通过说、写教学来培养学生运用祖国语言文字的能力。这正如叶圣陶先生所说："语言文字的学习，就理解方面说，是得到一种知识；就运用方面说，是养成一种习惯。这两方面必须连成一贯；就是说，理解是必要的，但是理解之后必须能够运用；知识是必要的，但是这种知识必须成为习惯。语言文字的学习，出发点在'知'，而终极点在'行'；到了能够'行'的地步，才算具有这种生活能力。这是每一个学习国文的人应该记住的。"

组织和指导学生学习语言，最好的方法就是重视语感教学。所谓语感教学，就是以培养语感为主要目的的教学活动。语感教学包括语感分析和语感实践两个方面。语感分析，不是分析语言表面特征，如这是什么词性，这里用了什么修辞手法，这是什么句式，这里用了怎样的表达方式等，而是分析语言的语境意义，分析语言的使用方法。语感实践，就是让学生去接触、感受语言材料和运用语言，也就是让学生多听、多读、多说、多写。

我认为"学习语言"教学思想的意义在于：

首先，它完全符合《义务教育语文课程标准（2011 版）》（以下简称"语文新课标"）中强调的"语文课程应激发和培育学生热爱祖国语文的思想感情，引导学生丰富语言积累，培养语感，发展思维，初步掌握学习语文的基本方法，养成良好的学习习惯，具有适应实际生活需要的识字写字能力、阅读能力、写作能力、口语交际能力，正确运用祖国语言文字"的理念。

其次，虽然"语文课程具有目标多元的特点，有知识目标、能力目标、德育目标、情感目标、审美目标等等，但抓住了'学习语言'这个根本目标，就可以使多元目标在语文教学过程中达到和谐的统一"。（钱梦龙《学习语言：语文教学本体的回归》）

再次，语文本体教学新体系走出了一条语文教学民族化之路。

最后，学习语言在信息时代仍然有着重要意义。只要认准了“学习语言”这个目标，实实在在地提高学生对语言文字的理解、感受能力，语文教学的现代化就有了一个切实的“抓手”；语文教学本体改革特别重视文化熏陶，而文化熏陶正是现代语文教育体现人文关怀的基本途径；语文教学本体改革充分体现了学生主体的现代教育理念。

总之，洪镇涛先生提出的为构建我国民族化、科学化的语文教学新体系而努力的主张和创见，是在语文教学本体上进行的一次深刻改革，如果这一变革得以在全国范围内实现，语文教学“少、慢、差、费”的现象就会得到改观。

主持人/孙志毅：

我认为第三个具有价值的语文教育思想是“一课有一得，得得相连系”。

该思想是20世纪80年代初期华东师范大学第一属附中学特级教师陆继椿提出的，得到了著名教育家刘佛年先生的肯定。

语文教学所包含的信息极为庞杂，上涉天文，下至地理，三教九流，无所不包。教师为防止遗漏知识点，在教学中容易出现面面俱到的现象，导致语文课目标模糊、内容庞杂、课堂臃肿。表面上“多得”，实际上“一无所得”。因此陆老师提出“一课有一得，得得相连系”的语文教学思想，即为语文课堂教学“减肥”，每节课的教学目标要单一、教学任务要简化、教学主题要明确，一节课让学生有“一得”即可，无数个“一得”相连就会形成知识链、能力链，从而提高语文素养。

为了实践这种思想，他们编辑了“双分”（分类集中、分阶段进行语言训练）教材。20世纪80年代后期，人民教育出版社在修订初中语文教材时，吸取了其教材的不少“合理内核”。如每个单元前加一个“单元提要”，以提示学习的目标；单元不再以文体归类，而是以写作题材、表述风格归类；等等。这与二十年后提出的“用教材教，而不是教教材”有契合之处。“教教材”会使课堂变得臃肿不堪，学生无法消化所学内容；“用教材教”才能把教材作为例子，举一反三，使学生完成知识储备、能力训练、素养形成中的某个目标。

赤峰市教育教学研究中心/丛智芳：

在孙志毅老师列举的几大语文教育思想中，我对把陆继椿老师提出的“一课有一得，得得相连系”当作教育思想有不同看法。我个人认为这只能算教学方法，还没达到教育思想的高度。它应该和丁有宽老师的“读写结合”一样，属于教学方法范畴。

当然，任何方法都是思想的折射。方法也好，思想也罢，怎样在实践中体现其精神内核，才是我们要密切关注的焦点。不管怎样，这种提法对语文教学还是产生了比较长久的影响，现在的语文教材的编排，还能依稀看出“得得派”的影子。在听课、评课中，也有教师在谈“一课有一得”，可见“得得派”的影响之深。但是，我们不能不承认，不少教师口中的“一课有一得”，已离它的本意相去甚远。他们只关注“一得”，至于得什么，得与得之间有什么联系，却考虑得较少。这样便不能从整体上观照“得”及它们内部的关系，即使有所“得”，也常常流于肤浅和随意。

赤峰市喀喇沁旗教研室/韩树培：

教育思想和教学方法的区别是很明显的。我对语文教育思想的理解是，思想由多个观点组成，它是系统的，涉及语文教育的多个层面；是宏观的，不拘泥于细枝末节。陆继椿老师被视为“得得派”代表，其“一课有一得，得得相连系”从表面看好像是方法，但包含的合理内核应该是思想。它包含着“学语文不是学课文”的思想，包含着“例子”的思想。此外“得得派”在教材建设上也有创意。而丁有宽老师的“读写结合”确实属于教学方法，类似的还有“注音识字，提前读写”等。

主持人/孙志毅：

我认为第四个最具价值的语文教育思想应是张孝纯老师的“大语文教育观”。

“大语文教育观”是张孝纯老师创立的一种带有突破性的、面向未来的教育思想。这种教育思想主张语文教学要以课堂教学为轴心，向学生生活的各个领域开拓、延展，全方位地与他们的学校生活、家庭生活和社会生活有机结合起来，并把教语文和教做人有机结合起来。这与美国教育家华特所说的“语文的外延和生活的外延相等”有异曲同工之妙。当然，在此之前，也有有识之士提出过类似的观点，只不过“集大成者”为张孝纯。

“大语文”中的“大”指的是语文教学的有效范围，它的精髓是建立在语文教学和社会生活的联系上的。与“得得派”提过的“课内打基础，课外求发展”有相同之处。

“大语文教育观”的要点是，语文课本教学、课堂教学的语言实践远远满足不了提高学生语文能力的需要，而语文学习的特点又决定了它有广阔的学习空间，因此应该建立一个课内外相联系、校内外相沟通、学科间相融合的新型语文教育体系。

“大语文教育观”告诉我们：母语学习不是从零开始的，时间上是从生到死，空间上是任何有人的环境里，任何人都可能是学生的老师，引车卖浆之徒也不例外！所以张志公先生认为，就语文学习的效益而言，课堂课外三七开。

我经常讲一个“怪论”：学生的语文学得很好，如李敖、韩寒，未必是语文教师的功劳；学生的语文没学好，倒是与语文教师有关。

赤峰市教育教学研究中心/丛智芳：

从现行的教材中可以看出张孝纯老师的“大语文教育观”是怎样成为教材编写的核心指导思想的。语文教材中编排的“综合性学习”“口语交际”等内容，都旨在把学生语文学习的目光引到课本和课堂之外，引到更广阔的学习空间里。

实践证明，“大语文教育观”，不仅对语文教育有极大影响，对其他学科也颇有影响。接踵而来的各种“大”学习观，真正开阔了教育者的视野，使人们看到了课堂、学校的局限性，看到了广阔的生活空间对教育的积极影响。

主持人/孙志毅：

还有很多语文教育思想，但苦于我们孤陋寡闻难以一一列举。不过有一点是肯定的，在体系的完备上、涉猎的广度上、历史的跨度上，没有谁能超过叶圣陶先生。他的思想影响着有志于语文教育革新的人们。

赤峰市教育教学研究中心/丛智芳：

实际上，叶圣陶先生的思想不仅仅适用于语文教学，对其他学科甚至人类的一切教学活动都适合。它阐明的其实是“鱼”和“渔”的辩证关系，授之以渔，则教达到不需要教。这里的“渔”指的是方法的传授和自学能力的培养。在教学中授之以法，学生在学习中就能循法自学，习得终身学习的本领。

赤峰市英才学校/李淑慧：

从课堂教学角度讲，百年来最有价值、最实用的思想应该是叶圣陶先生的“语文教材无非是一个例子”。通过教材这个例子，教学生掌握语文这个工具，这就是语文区别于其他学科的特点。所以在这个例子的学习中，教学生一种获得知识和能力的方法，以达到“不需要教”，应该就是语文教学的最高境界。

在信息发达的今天，我想“大语文教育观”扩大了例子的范畴，不仅教材是例子，生活中的点点滴滴都可以做例子。比如对联，这是我们传统的文学样式，一直沿用到今天，而且仍然散发着无限的魅力，是不是可以作为例子引入我们的教学，以此让学生了解中国文化的博大精深，体会汉语言的独特魅力。又如短信，这种新兴的人际沟通形式，它作为信息时代的产物，被人们广泛地使用，它也是一种时代化、生活化的语文，也可以成为例子，通过这个例子，可以训练学生语言的简明与得体，使学生掌握修辞的特点与功用，感受语言的风格与感情的褒贬。再如广告，中国人向来含蓄，讲究“桃李不言，下自成蹊”，但在信息高速发展的今天，也必须承认“酒香也怕巷子深”。于是广告铺天盖地，充满了我们生活的各个角落，不论是商业广告还是公益广告，都力求充满文化色彩。这不也是语言训练的例子吗？

所以，生活便是语文，语文就是生活。课本读本是语文，报纸杂志也是语文；经典名著是语文，时尚流行也是语文；唐诗宋词是语文，通俗歌曲也是语文；校内的学习是语文，校外的生活也是语文。有了这种“大语文”的思想，我们就不会把语文学习拘泥于每一册教材的二十几篇课文上，就不会把学生囚禁在考试的樊笼里，而会把他们放在一个更广阔的空间里，着眼于他们语文素养的提高和终身学习的需要，着眼于培养他们敏锐地观察外界并反观自己的习惯以及语文学习的兴趣。当积累成为习惯、当兴趣成为习惯、当热爱成为习惯、当感动成为习惯，他们自然就会发现语文的魅力，语文素养的提高便在这一过程中实现了。

赤峰市喀喇沁旗美林镇中心校/刘国辉：

谈到百年来最有价值的语文教育思想，当首推叶圣陶先生的教育思想。叶圣陶先生在大半个世纪的语文教育实践和理论的探索中，精辟地提出了“教是为了达到不需要教”的语文教育思想。他在1962年提出，在课堂里教语文，最终目的在于达到不需要教。1977年，他在为《中学语文》复刊题词时又明确强调：“教任何功课，最终目的都在于达到不需要教。”1978年他又进一步说明，学生入门了，上路了，他们能在繁复的事物之间自己探索、独立实践、解决问题了，岂不是就用不着给“讲”给“教”了？使这一语文教育思想更加成熟与完善。叶圣陶先生的这一教育思想改变了我们的教学观念，引起了学生学习方式的根本转变，在一定程度上改变了教师被动地教和学生被动地学的局面，使学生的语文素养得到了提高。所以，叶圣陶先生的这一教育思想完全称得上中国语文教育的经典。

“教是为了达到不需要教”这一语文教育思想的核心内容，解释了教师与学生之间的价值关系。一方面，强调学生要在教师强有力的指导下，掌握学习的方法，遇到问题能够自为研索，自求解决，为日后的学习和工作奠定良好的基础；另一方面，强调教师要善于启发和诱导，“故教师之为教，不在全盘授予，而在相机诱导。必令学生运其才智，勤其练习，领悟之源广开，纯熟之功弥深，乃为善教者也”。在教学中，师生互为主客体，不断自觉地调整各自的心态、习惯、行为、方法，以便实现教育效益的最大化。

新课改以来，叶圣陶先生的这一教育思想及其核心内容，被吸收到语文新课标中，即要“充分发挥师生双方在教学中的主动性和创造性”，培养学生自主、探究的学习能力。

新课改的几年来，经过专家、教研人员以及广大一线教育工作者的积极探索，我们的语文教学呈现出一个崭新的局面，不少教师的教育教学观念得到进一步更新，但也存在着一些不容回避的问题。具体表现在以下几点。

首先，淡化了教师的主导作用。新课改后，像叶圣陶先生所批判的那种“教师滔滔讲说，学生默默聆受”的教学方式固然少了，却又走向了另一个极端，即大有淡化教师主导作用之虞（就是放弃了一个“教”字）。

其次，忽视了学生在学习中的主体地位。新课标强调教学中师生的互动和平等对话，但是有些课堂表面看起来热闹，其实仍然把学生置于被动的接受地位。其中最突出的就是一味地“牵”着学生走，表现在，课堂上教师一个接一个地抛出问题，甚至拿一些思维含量较低的问题发问不止，而学生则紧跟教师的思路一个一个地解决问题，看似师生互动频繁，但学生的思维能力并没有得到实质性的提升。有人形象地把这种课堂教学比作“挖坑”让学生跳，“设套”让学生钻。

上述两种弊端说明，有些教师对教师的主导作用和学生的主体地位的认识还不够，因而不能较好地处理二者的辩证关系。究竟怎样把二者有机地统一起来呢？叶圣陶先生说得好：

语文教师不是只给学生讲书的。语文教师是引导学生看书的。一篇文章，学生也能粗略地看懂，可是深奥些的地方，隐藏在字面背后的意义，他们就未必能够领会。老师必须在这些场合给学生指点一下，只要三言两语，不要啰哩啰唆，能使他们开窍就行。老师经常这样做，学生看书的能力自然会提高。

总之，讲的目的，在于达到不需要讲。如果一个老师能够做到上课不需要讲，只做一些指点和引导，学生就能深刻理解、透彻领会，那就是最大的成功。这样做能使学生读了若干文章以后，触类旁通，自己去领会别的文章。学生必须会自己读书，不能老是带着一位老师给他讲，所以我们要培养学生独立读书的能力。

这两段话，可以说是叶圣陶先生“教是为了达到不需要教”语文教育思想的最好注脚。它既有对学生主体地位的尊重，又具体指出了教师应如何发挥主导作用：教师的教，不在于全盘授予，而在于相机引导。在学生自己读懂的基础上，就隐藏在字面背后的意义给学生以指点，但这种指点也绝不是没有主次地讲，而是当学生遇到攻不破的“堡垒”时再讲，教师在讲的过程中，也不是泛泛地讲，而是富有启发性地讲，目的在于使学生开窍，培养学生独立读书的能力。

所以说，教要适应于学，学是为了促进教；教应成为学的示范，学是在教的启迪下自然领悟，再通过反复实践，成为学生终身以之的习惯。

主持人/孙志毅：

即使我们都认同了叶圣陶先生“教是为了达到不需要教”这一思想，但如何理解，每个人与每个人之间也会存在差异。我理解叶圣陶先生所说的“教”是，教那些对语文学习有用的东西，教能够举一反三、触类旁通的本事。这已经不是我们通常意义上的“教”了，通常意义上的“教”永远也达不到“不教”的地步。

赤峰市喀喇沁旗教研室/徐长林：

丁培忠先生认为，“教是为了达到不需要教”这一著名的语文教育思想，指明了教学的最终目标，揭示了教学过程的实质，为语文教学的改革指出了一条正确的道路。“教”是手段、是过程，“不需要教”是“教”所要达到的终极目标。“不需要教”就是叶圣陶先生所说的“学生须能读书、须能作文，故特设语文课以训练之。最终目的：自能读书，不待老师讲；自能作文，不待老师改”。

董菊初先生对此话所包含的教与学的关系做了更通俗的分析，指出教是帮助学，而不是代替学；讲是指导练，而不是代替练；教师发挥主导作用是为了强化学生独立自学的积极性、主动性，而不是否定学生的主体地位。另外，《重读叶圣陶·走进新课标》一书中指出，叶圣陶先生这一思想的深刻之处，在于它完全符合人的本性和教育的本性，完全符合语文教育深刻的根本规律，它不仅仅是一个教学原则，还包含着丰富而深刻的科学、人文内涵，以及丰富而深刻的哲学底蕴，是实现语文教育价值的最佳途径。本书还从目的、内容、结果几个方面对这一思想做了具体分析：从提出的目的看，它是为了学生的需要，为了教育价值的实现，为了落实“以学生为本位”的现代教育观，从而体现了深切的人文关怀；从核心的内容看，它解决了教师与学生之间的价值关系，使教学活动趋向于价值追求，实现教育价值的最大化最优化，闪现出科学理性精神的光芒；从达到的结果看，科学精神与人文精神相交融，创造了一个老师从容不迫，学生身心健康的境界。

叶圣陶先生这一教育思想的“结胎”“发育”和“形成”几乎贯穿了他的一生。也正因为有了这样的核心思想，才有了他对语文教学具有重要指导价值的有关学生本位、生活本源、实践本体、习惯本旨、工具本质（董菊初语）的一系列与新课改主要精神完全合拍的理论。只要是尊重事实的人，就应当承认叶圣陶先生语文教育思想的根本精神与当前正在开展的课程改革之间的传承关系。

主持人/孙志毅：

好像近几年理论界的青年学人中有人否定叶圣陶先生的观点和功绩，敖汉旗的王丛老师就曾写过一篇《叶圣陶语文教育思想的局限性》。

之所以会有这种看法，一是对叶圣陶先生的思想缺乏深入了解，容易断章取义；二是泛科学主义对人们思维方式的影响。教育科学本来属于“软科学”，归因十分困难，无法机械地套用自然科学技术的研究方法和评估标准。语文教育更是如此。没用“科学方法”来进行验证，未必就不科学。无数语文教师的实践成效就是最有力的验证！

赤峰市喀喇沁旗教研室/徐长林：

叶圣陶先生的语文教育思想是中国教育宝库中的珍贵遗产。他既能够洞悉教学实践中存在的问题，又能把脉出问题产生的原因，更可贵的是他高瞻远瞩地提出了解决问题的指导思想和行动策略。他的理论不但在20世纪对语文教学产生了积极影响，事实上也正在指导着21世纪中国语文的课程改革。正如刘国正先生所说，语文教学改革越深化，越要更多地凭借这个国产的重要“利器”，开拓前进。

当然，叶圣陶先生没有经历市场经济和信息社会，没有能与我们一起步入21世纪，许多新的问题也许是他生前所未预料的，他的有些想法在今天看来会带有一定的局限性，这本属正常，不能苛求。更何况现在许多所谓的“新”问题实际上并没有超出叶圣陶先生早在几十年前就已经密切关注的范围，诸多“新”的问题只不过是老问题的新形式而已。一些老问题之所以长期以来没有得到很好的解决，不是缺少自己民族的教育理论，而是已有的先进理论未能引起足够的重视。

随着课程改革的不断深入，我们有必要重温叶圣陶先生及如吕叔湘、张志公等老一辈语文教育家的教导，到自己民族的教育思想宝库中去虚心地学习，继承先进的教育理念、借鉴科学的教学方法，而不应过分地注重“拿来”别人的“理论”，把别人的“理论”和“主义”奉为至尊，而对自己民族宝贵的教育传统持虚无的态度。钱梦龙先生说，像叶圣陶先生这样的一代宗师在一些人的眼里被看成语文教学的“绊脚石”就更是不应该了。

主持人/孙志毅：

百年来为语文学科建设提出有价值的教育思想的人还有很多，如胡适、陈独秀、朱自清、张志公、吕叔湘等，苦于学养和时间所限，我们不能一一列举和深入研究，有待于专门研究语文教育思想史的学者去挖掘、整理，并传播给每一位语文教师，使之化为指导我们实践的灯塔。

解读教育现象

我不同意你的观点，但我誓死捍卫你说话的权利。

——伏尔泰

该从名师那里“拿来”什么

名师是从普通教师中脱颖而出的佼佼者，大都历经了一番苦难与挣扎，如阿·托尔斯泰《苦难的历程》扉页所言“在清水里泡三次，在血水里浴三次，在碱水里煮三次”。名师们有着共同的成长历程：热爱甚至痴迷于这份工作，不是简单地把它当作谋生的手段，每天不是做事情而是做事业，不做辛苦盲目的体力劳动者，而是做一个智慧的脑力劳动者；他们善于观察教育现象，记录积累典型案例，深入思考其中的奥秘、技巧，他们通过读书提升自己的修养，最终使自己成为教育这个行当里的智者、强者、成功者。

名师是教育界不可多得的财富，名师理应是所有教师的引领者、示范者，是教师的教师。可是，通过培训我们该从名师那里“拿来”什么呢？又当怎么“拿来”呢？

古今凡成大事者皆不离“道、法、术”三字。

何为道？老子说：“道可道，非常道。”学者为此考辨争论两千多年尚无定论，那么，作为普通人也很难说清，也无须说清“道”为何物。

就教育而言，我以为，道者，思想、理念也；法者，方法、途径也；术者，技巧也。“道”从何来？老子说：“道法自然。”即“道”是从自然规律中产生的、提纯的。我认为教育的“道”是从教育实践中提纯出来的。在《任小艾报告：教师素质和班主任工作艺术》中提到了任小艾处理学生早恋一事，通过这件事我们可以清楚地看到她的“道、法、术”。首先，她认为处于青春期的学生对异性产生爱恋是美好的、纯洁的、正常的，同时也是可引导的。这就是她的“道”，没有这个“道”就不可能有其后的“法”和“术”。但光有“道”是不够的。还要通过充满智慧的谈话来引导、诱导这个懵懂的少年。于是她采取了以柔克刚、欲擒故纵的方法，先肯定该生的眼光，拉近与学生的距离，同时辅之以技巧，如让那个男孩找喜欢的女孩的优点和缺点、对此事冷处理、让时间说话等，最终使这件事画上了一个完美的句号。

我们该如何吸收、消化、借鉴名师的思想经验、方法和技巧呢？

目前，对待名师的经验、方法和技巧，教师普遍存在着两种情况。一种情况是，许多教师对名师或专家的经验和方法、技巧有排斥心理，可以找出很多理由：“他们的做法不适合我们学校。”“我们的学生基础太差。”“我们校长不让那么做。”“中国考试制度不改，什么也弄不成。”……在众多的理由中，没有几条是反省自己的。如果自己的碗里满满地都是水，别人如何倒得进去？老子说：“为学日益，为道日损，损之又损，以至于无为。无为而无不为。”所谓的“为道日损”，就是日日反省、检讨，把自己那些不良的习气、不好的想法一点点抛弃。

另一种情况是想立竿见影、现蒸热卖，想学些方法、技巧回去如法炮制。殊不知，教育非技术，技术是可以模仿、抄袭的，技术是只要得其工艺如法炮制就可以得到一个同样的结果，故有技术保密、知识产权一说。你见过微软公司做报告介绍其核心技术吗？教育，更多的情况下是活的艺术，无“技术保密”之说，无论是哪一位大家，都会毫无保留地和盘托出自己的所有思考和做法。但教育是无法机械模仿、简单照搬的。教育因教育者天赋、修养、气质的不同，因被教育者的迥异，因天时地利的变数，而无法照搬名师已经成功的、奏效的做法。令许多教师不解的是，名师的做法诚恳地学了，却没起作用。是名师那一套理论、做法不好吧？于是今天学张三，明天学李四，这个“斯基”，那个“洛夫”都学了，仍一无所获，最后索性放弃。

基于此，我们真该想想：如何吸收、消化、借鉴名师的思想经验、方法和技巧。

我们必须先吸收名师的“道”，再根据个人的特长、气质、禀赋，根据被教育者的特点，借鉴名师之“法”，参考名师之“术”，确立自己的教学套路和方法。否则就会闹出邯郸学步、东施效颦的笑话。

如何看待教育均衡

在历史发展过程中，由于地域空间、办学起点、文化背景及人群阶层的不同，导致社会群体在教育资源的占有上呈现出显著的不公平和不均衡。这种不公平和不均衡既体现在农村与城市、牧区与农区、东部与西部，也体现在同一城市之中。

教育资源占有的不公平，直接影响着起跑线的公平性。起点不公平，社会公平就会成为一句空话。因此，教育均衡发展不仅是教育公平的手段，更是打破社会阶层固化，实现社会公平正义的基石。

教育均衡是个含义丰富、复杂的命题。

何为均衡？均衡不仅涉及办学的硬件，更涉及办学的软件。前者主要涉及学校的基础设施，如校舍、教学设备等，后者则涉及教师、校长、办学理念、文化传统等。制约均衡发展的要素，主要不是硬件，而是软件，是人、思想、理念之类的活要素。

均衡不是“削高”，而是“补低”。“削高”固然也可以获得均衡，但有悖于均衡的本旨。均衡是雪中送炭、扶危济困，均衡以优质教育为目标，旨在减少学校间、地区间、城乡间的教育“离散系数”。正如罗尔斯所说，在进行分配的时候，如果不得不产生某种不平等的话，利益分配应该向处于不利地位的人们倾斜。

均衡不是表面上的一视同仁，而是深层次的机会均等。瞿秋白说，科举制度是“朝为田舍郎，暮登天子堂”。这种“录取线”的一视同仁掩盖着事实上的机会不均等。试想，在科举制度下，虽没有分招，没有指标划拨，但社会受教育面极小，接受教育者属于哪些阶层？所谓“耕读传家”者在士人中又有几个？

均衡的内涵除指个人对于社会的诉求外，还涵盖教育内部的均衡。如各级各类教育的均衡，倘若一个地区中，上幼儿园比上大学还难、花销还大，这样的教育是均衡的吗？此外，还有普教与职教的均衡、各门课程的均衡、课堂与课外的均衡、知识与能力的均衡、继承与创新的均衡、读书与做人的均衡、德智体美劳的均衡……

均衡不是绝对平均，而是大体相当；均衡不是统一化、同一化、雷同化，不是千校一式、万生一面，而是特色化、个性化、多样化。念及此，我们便已知晓：教育均衡的内涵有多丰富，它的路就有多漫长。

非“克莱登大学”又如何

钱钟书先生在小说《围城》中杜撰了一个“克莱登大学”，以讥讽20世纪30年代方鸿渐式的读书人崇洋、虚伪和不学无术。如今“克莱登大学”已被调侃成假学历的代名词。

几年前，我在香港的大街小巷徜徉，无意中发现：墙上竟然没有一处卖假文凭的小广告。同样的情形也发生在先前去过的俄罗斯的赤塔，朝鲜的平壤、新义州。反观几年前的内地，走遍大江南北，歪歪扭扭的卖假文凭的小广告随处可见，这似乎已经成为每个城市必备的“风景”。多么庄严的地方，都敢张贴；多么簇新的墙壁，都敢涂抹；多么严厉的整饬，都无济于事。

近年来，假文凭已成为一个全球性的问题，不少政界、商界、演艺界名人都有假文凭之嫌。在广东省某劳教系统的机构改革中，71名干警因没有学历而顿生下岗之虞，为了在竞聘中胜出，他们竟然花钱买到同一所学校的文凭，于是昔日的同事便成了今日之“同学”。

需求催生市场，政策引导潮流。“唯学历主义”支撑着庞大的假证件作坊，催生着泛滥虚肿的高等教育。

尊重知识人才固然是回归常识，但过了头，变了味儿便容易滋生出新的社会“痈疽”。一则给不良之徒提供了市场，二则把原本的正经人也“克莱登”化了，三则容易使有水平而无文凭者被淘汰，四则让学历与学力名实相符者变得无足轻重起来。

不拘一格用人才，是民国时期留给我们的回忆。多少既无真文凭，也无假文凭的才俊脱颖而出。王云五，只接受过五年的正规教育，算是小学毕业，但他自学成才，曾当过胡适的英文老师，担任过商务印书馆总经理，发明了“四角号码检字法”，是著名出版家、学者。沈从文，仅小学文化，却被青岛大学校长杨振声邀去在国文系讲“中国小说史”“小说创作”。金克木，只是小学文凭，20多岁时，便被陈世骧推荐到湖南大学文学院做法文教师，用英语教法语。后吴宓先生又推荐金克木到武汉大学教“印度哲学”。虽然金克木没有学历，一天大学也没上过，却成了著名的学者、教授。此外，还有没考上北京大学却能到北京大学教“印度哲学”的梁漱溟、小学教师出身的国学大师钱穆……

“克莱登大学”固然可恶，然而，如今的非“克莱登大学”又怎样？像“士大夫不爱惜羽毛”一样，今日有不少大学不爱惜自己的名节。难怪有人提出大学也该像考驾照一样“考教分离”了，否则，高等教育“克莱登大学”化将是不可逆转的趋势。

说滥补课

虽然教育部已明令禁止节假日有偿补课，但补课现象仍在泛滥。导致滥补课的原因极为复杂，治理滥补课，如同大禹治水一样，似乎不完全是谁来管、谁来堵的问题，而是如何疏导的问题。也同外科大夫对付癌症一样，不是简单地把肿瘤切掉了事，而是如何阻断癌细胞的营养供给线的问题。

学校和教师为什么会热衷于滥补课？应试教育体制的挤压、补课费的诱惑，这些固然是重要的诱因，但是否还有其他更复杂、更隐蔽的背景呢？

首先，补课一定比不补课的效果好吗？补了就一定能提高成绩吗？恐怕许多教师没有深入地思考过，更没有做过科研意义上的对比性分析。教学是匆忙地结束课程，再花上一年多的时间复习好，还是按部就班、稳扎稳打、步步为营，不吃夹生饭好？没人做理性分析。觉得别人提前结束课程开始复习，就等于发令枪还没响就提前起跑了，这种想法真是小孩子心理，没有任何科学依据。

在农耕社会确实是这样，地多锄一遍就能多打一点儿粮食，刀多磨一遍就会更锋利一点儿。体现在教育上就是，多做一道题就比少做一道题好，多上一节课就比少上一节课强，以量的增加弥补质的不足。题海战术、残酷训练就成了必然的选择。可如今是信息社会、知识经济社会，韩非子曾说：“上古竞于道德，中世逐于智谋，当今争于气力。”工业革命之前的世界确实是“争于气力”的社会，而今天呢？依我看又回到“逐于智谋”的时代了，不是谁最辛苦、最下蛮力，谁的收益就最大了。

其次，滥补课的盛行，根本原因还在课堂的低效甚至无效上，而课堂的低效抑或无效在于部分教师素质的低下和教学内容的繁难。当你走进中国的课堂，就会发现孩子们每天过的是什么样的日子，有多少孩子在熬煎中度过生命中最美的时光。假如你是孙维刚的学生，你还用整天补数学吗？假如你学的是美国的教材（许多人十分鄙视美国教材的浅显，我却不然），你还用在题海里挣扎吗？

我并不反对补课，所厌恶者是病态的“滥补课”而已。在选择补课前，我们一定要思考为什么补、怎样补、给谁补、补什么之类的前提性问题。

大多数人都明白这个道理：不同的学生应该有不同的补法，不能一锅乱炖，应该分层分类、因材施补，像医生看病一样，一病一治、对症下药，总不能把所有病人请来，不分病情、无论轻重，一个处方、一个手段吧？可眼下的补课几乎全是一锅炖，会不会都学，懂不懂全听。有的学生吃撑了，有的还饿着肚子。

此外，滥补课屡禁不止，显然有利益在作祟。有些教师课上敷衍塞责，只做练习，不上新课，课下才在自己家里认真负责地讲新课，迫使学生和家长不想补也得补。倘若真如此，这与趁火打劫何异？

照理说，教师补课属于工人返工，是生产目标不合格、产品质量不达标的表现。以此推论，补课不仅不能收费，甚至需要赔偿“消费者”的经济、精神损失。对不？

中国孩子是需要补课，但最迫切要补的是社会实践课、怎样做人的课、如何学习的课。可惜没人补，想补也没人应和。

学生，是被谁教“笨”的

笨，近义词是愚、痴、呆，反义词是聪明、机灵、脑子好，等等。一些教师在斥责学生成绩不好时最常用的就是这个“笨”字。一个“笨”字把教师的责任推得一干二净。

造物主最伟大的杰作是万物的差异性，“世上无相同的两片树叶”“一娘养九子，九子不一般”，等等，说的都是主体的差异性和变化性。真笨的人有吗？生下来就笨的人有吗？有，但为数极少。通常情况是，一个人在某些方面聪明、某些方面笨。教师轻易地判断学生笨，依据是什么？是对学校教育的适应度、是书本知识的储备量、是考试成绩的高与低。总而言之，是用一把尺子衡量学生。学生其余不“笨”的东西不在被评价之列。

一把尺子下衡量出的“笨”，是学生自己导致的，还是不当的教育方法导致的？我们真该反思反思。

入幼儿园前几乎每个孩子都生龙活虎，几乎每个家长都认为自己家孩子聪明，怎么经过了若干年的系统教育，学生反而变笨了？难道学校就是为了把人教“笨”而设立的吗？难道教师只有教“聪明”学生的本事，而没有教“笨”学生的招数？

除个别智商有缺陷的外，儿童通常是诗人，是哲学家、幻想家，其好奇心、想象力、创造力是与生俱来的，需要我们给予保护、欣赏、引导，以守住造物主给予的智慧。教育的本意肯定是让人更理性、智慧、聪明，可是经过学校分门别类的教育后孩子的好奇心、想象力、创造力反而减弱了。

以下教师的做法，是否就是学生变“笨”的原因呢？

例一：这是大学教师张玉庭记录的一个故事。

一天深夜，我正要睡觉，邻居李师傅带着9岁的小孙子敲响了我家的门。

孩子眼泪汪汪，一副可怜相。一问才知道，做语文作业遇到了难题——以“楠”组词，至少20个。做不上明天罚站。

看到这个作业，我这个教中文的副教授也是一身冷汗。因为我知道即使查遍《辞海》《辞源》，带“楠”字的词也是凤毛麟角。我急中生智，想起一个绝招儿：楠木桌子、楠木椅子、楠水碗橱……我还告诉他，除“楠木棺材”一词不妥外，只管滔滔不绝地写下去。一番话提醒了那个孩子，他立刻心花怒放，蹦蹦跳跳地走了。

例二：

课堂上，一名学生问了老师一个问题：

“老师，李白说落了九天的瀑布在哪里呢？”

“没有这样的瀑布，李白夸张了点。”

“可我相信有，老师。”

“哦，你怎么知道的？”

“如果没有，李白怎么会说‘九天’而不说‘十天’，甚至说‘一百天’呢？那样不是更夸张吗？”

“你这是存心捣乱。”

例三：

初中毕业考试，作文题为《砖的用途》，一名学生觉得按常理写会和其他同学雷同，于是抱着侥幸心理，写下了：“砖的用途很多，除建筑外，还有许多。比如，可以用来铺路，应急时刻遇到罪犯可以防身自卫。还有村头的王大爷几十年来一直把它当枕头……”其结局当然是悲惨的——30分的作文他只得了6分，差点升不了高中。

例四：

小学美术老师用透视法教学生画一栋高楼。不许着色，不论涂抹。一名学生却给高楼加了鼻子，勾了眉眼，还不忘给高楼戴上金灿灿的王冠。老师批评了该生。从此该生的美术作业因循规蹈矩而经常得“优”了。

例五：

一个小学二年级的学生用“活泼”一词造句时，写了这样一句话：“河里的水很活泼。”不料老师用红字批道：这是病句！

例六：这是在一堂初中自然科学课上发生的情景。

老师花了很长时间讲完“惯性”的概念后，让学生在书上画出来，再默诵。几分钟后，老师开始提问：“什么叫惯性？”

大部分学生都紧张起来，只有几个人举手。这时，一个平时颇让老师头痛的学生却高高地举起手。老师便对他说道：“你说说看。”

不料这位学生站起大声说道：“老师，我想问问，如果地球突然停止转动，地球上将出现什么情况？”

课堂气氛顿时活跃起来，学生们交头接耳，议论纷纷。老师一时语塞，感到颇为尴尬，便板着脸高声呵斥：“谁问你这个了？我让你背‘惯性’的概念！上课为什么不专心听讲……”

这位老师大概一生都没有想过“如果地球突然停止转动，地球上将出现什么情况”这个问题，自己理屈词穷反而呵斥学生。多好的生成机会他没有抓住——背诵惯性的定义有何意义？乘势讨论地球停止转动后的情景，难道跑题了？

苏霍姆林斯基认为：儿童在课堂上要掌握的抽象真理越多，脑力劳动就越紧张，那么，儿童就越应当经常地到知识的最初源泉——自然界里去。因此，他常到自然界去上生物课、历史课、语文课……为的是不让校门把儿童的意识与周围环境隔绝起来。

如他教授《生物与非生物》一课时，并没把现成的结论直接告诉学生，因为他认为：“用记忆代替思考，用背诵代替鲜明的感知和观察，只会使学生变得愚笨，以至最终丧失学习欲望。”于是，他把学生带进大自然，让学生在直接的观察比较中完成抽象思维的训练。在这节课上，他自始至终没有一句越俎代庖的话，整个教学过程中，他只是在诱导学生自己得出生物和非生物的区别、掌握生物的三大特点。通过这节课，学生不仅获得了结论，还获得了方法，因为他们参与了整个结论由浅入深的获得过程。这些知识学生终身不会忘记。

在这节课中，苏霍姆林斯基对“头脑迟钝者”的引导也是极为成功的。柳达、米沙之类的“差生”在他的循循善诱中思维不时爆发出火花。可以说在这节课中，每个学生都没有掉队，每个学生都是学习上的成功者。

我们大多数教师未免太性急、武断、懒惰了。把学生带到大自然中上课的属凤毛麟角，如此训练学生思维者也不多见。更常见的是割断了学生与大自然的联系，把成人化的结论掰碎了“填”给学生，把学生的头脑变成知识的储蓄所，变成堆积真理、公式、规则的货栈。这怎能不把学生教傻、教笨、教愚呢？

“校园文化”思考碎片

近十余年来，“文化”在教育界也成了个摩登的词，“校园文化”“教研文化”“学校文化”“教学文化”“班级文化”“育人文化”，不一而足，要做件事，似乎不挂上“文化”二字就显得没文化。三四十年前，把文化说得一文不值，必欲毁之而后快；而今，只要是个事，就要把“文化”作为标签贴上去。

“文”者，文理、花纹也。《易经·系辞下》：“物相杂，故曰文。”《礼记·乐记》：“五色成文而不乱。”后引申为文字、文辞。在儒家眼里，“文”是一脉相传的礼乐、典章制度及伦理和价值观。“化”，指变化、改变、教化，《周礼》中说的“观乎人文，以化成天下”，是用一整套的礼乐典章制度和价值观去教化人、改变人，从而达到社会治理之目的。“文化”说到底是用一些精神规范去教化人、规范人、改造人。

今天的学校，在追逐升学率的同时，居然想起了“文化”这两个字。

文化，似乎是人类的独创和专属，因为我们不懂兽言禽语，不懂花情草感。姑且如此认为吧。

只有经过长期积淀而成的常规、习惯、礼俗、下意识，即荣格所说的“集体人格”，才成为文化。倘若它还需要通过政策引导、行政奖励、组织强化，需要布置、检查、评比督促，那它离“文化”还有十万八千里。

人类从野蛮走向文明，需要文而化之，其过程、结果，无论良莠，不分玉石，就这样那样地存在于一个民族、一个地区、一个行当……

校园文化属于教育文化的一个分支，是一种精神形态。校园，原本就是传承文化之所。说到校园文化，窃以为首先校长应该是个仰慕文化、敬畏文化的人，校长要以自己的品位影响部分教师，教师不仅是教书匠，还是文化人，如此才能将文化传导于学生身上。基于此，校园文化，就不应该是写在墙上、挂在嘴上的东西，而应该是一种看不见、摸不着，没重量、没形状，却又实实在在存在着，并左右着人的行为的东西。

墙上写着“一切为了学生”，却让学生在凄风苦雨中手捧鲜花迎接什么“团”，这是“官场文化”，不是教育文明；走廊里挂着“教育就是爱”，但两个孩子在那里罚站，这是“反教育”、无文化的佐证；工作总结里写着“书香校园”之类的话语，而生活中却无人读书，这是谎言，不是文化。

有文化追求的学校与应试工厂的学校相比，有文野之分、高下之分。前者是有归属感的家，而后者只是房子；前者是香甜的美梦，后者只是一张华丽的床；前者是高质量的生活，而后者只是多活几年而已……

可见，当文明把“标签”化成“自觉”，那时的校园、那时的教育便“文化”了。

你“终极关怀”了吗

2007年，韩籍学生赵承熙在美国弗吉尼亚理工大学枪杀32人，伤20多人，成为轰动世界的校园大血案。在悼念追思会上，施暴者赵承熙也成了“遇难者”，丧钟敲了33下，蜡烛点了33支，悼念碑做了33块。挽辞：你没有得到必要的帮助，是我们没有把你教育好，我们非常悲哀。

经过这件事，他们首先想的是，这还是一个心智不成熟的孩子，惨案发生，家长有疏忽、教育有失误、社会有责任，我们成人该忏悔、该担当。

而我们却不理解、不认同，甚至不屑一顾。杀人偿命，欠债还钱，岂能怜悯坏人？

2009年，呼和浩特市第二监狱发生越狱事件，后一人遭警方击毙，三人遭捕。四名越狱者的共同特点：年轻，仅20多岁；都是进城务工者的子女；都是过早失学，无人调教。事件过后，一切像没有发生过一样。没有人问：他们是如何走上这条不归路的？社会该承担哪些责任？那个把他们撵出课堂的教师忏悔了没有？

“以人为本”不能写在墙上、挂在嘴上、印在课本里，而应潜在心底，将其作为办学行事的习惯、准则、理念。绕口令一般的“一切为了学生，为了一切学生，为了学生的一切”，不能只给领导、记者看，而应融化在教育的所有细节中。

让学生在秋雨寒风中穿着短袖、裙子迎接领导的莅临，这类事件是与“以人为本”背道而驰的。

学校教育更需要终极关怀，只关心学生的成绩，不关心学生的成人；只关心今日的学生，不关心明天的学生；只关心优等生，不关心学困生……都不能说是真正的关怀，而是势利、短视、误人。

只关心自己、家人，乃至朋友，不是大关怀，不是终极关怀。所谓终极关怀，要超越亲情、地域、利益，甚至民族、国家，关怀每一个生命，乃至每一寸土地、每一缕阳光、每一条河流、每一口空气。

“禹思天下有溺者，由己溺之也；稷思天下有饥者，由己饥之也。”《孟子·离娄下》

鲁迅说：“无穷的远方，无数的人们，都和我有关。”

这些理念，我们只写在了墙上，供参观、检查之用，没有做到。

知易行难

——包头听观摩课有感

在上完观摩课之后，执教教师都有一小时左右的讲座。有的是说课，有的是漫谈。

应该说，这些名师都是有一定理论修养的实践者。如吉春亚老师的《直奔“目标”》，蒋军晶老师的《阅读教学的“多面向”》，强震球老师的《“分享教学”设计策略》等都阐释了自己的观点，且都有可取之处。

可是知易行难啊！

说是应该“用教材教”，但事实上他们有的课也是在“教教材”。

说是“要让学生经历结论得出的过程”，但有的教师在课上还是有些急于求成，一旦学生回答不上来，很少循循善诱地启发学生，而是一声令下：“坐下！”请另一个学生回答，直到听见自己满意的答案为止。可能是因为时间原因，教师无法真正地对学生进行引导、指点，但那个“心求通而未得之意”的“愤”者，“口欲言而未得之貌”的“悱”者，确实被晾在一边了，学生并没有亲身经历结论得出的过程。

说是要给学生以思考的时间，不要怕冷场，要学会等待，但课堂上，教师一开讲便喋喋不休，一节课下来，80%的时间都是教师在说。

可见，理论付之于实践是有难度的。

难在哪里？难在理论是思辨的结果，有理想化的成分在内；难在理论是最佳的事物状态，而实践是“取乎其上，得乎其中；取乎其中，得乎其下”；难在理论是有识之士群体的智慧，而实践却是个体的操作，而个体是参差不齐的。

教师应认识到这一点，并努力做到理论与实践相结合，不做只空喊口号之人。

教育的悖论

——“两难推理”的困扰

“上帝能创造一块连他自己也举不起的石头吗？”

这是无神论者对基督徒的一个经典性的刁难，其目的是借以反驳“上帝万能”的结论。你回答“能”与“不能”都会错：你说“能”，那么就意味着世界上有一块石头是上帝举不起的，而连一块石头都举不起来，那还能算是万能吗？你说“不能”，那么，就等于说“上帝不是万能的”——因为连一块石头都造不出，谈何万能？学界称之“两难推理”，老百姓俗话叫“胡同里抓贼两头堵”。

这样的“两难推理”，在世俗世界的论辩中，固然可以置对方与死地。可惜在宗教世界里，逻辑推理、科学实证是“英雄无用武之地”的。信仰便是信仰，无须考证、推理。你认为是悖论的，我们却丝毫不觉得荒谬。就这样！

宗教可以如此蔑视形式逻辑，因为它毕竟是“另类”。可是在世俗世界里，你能对明显的悖论视而不见吗？

教育也时时遇到“两难推理”的困扰。

学生不学习固然是教育的无奈，然而，书痴至极不是同样有害？富兰克林说过：“一个饱读诗书的蠢材往往比一个无知的蠢材更蠢。”

学生早恋危险，如果永远不恋，或想恋又不知如何去恋，失去了与异性交往的基本能力，患了“恋爱障碍症”，岂不同样危险？

是童年幸福好，还是成年幸福好？当然是一生幸福好啊。可世界上根本就没有鱼与熊掌兼得的好事！“不吃苦中苦，难为人上人”是中国人的读书过程（吃苦中苦）和目的（做人上人），这显然是以牺牲孩子童年的幸福来换取成年的幸福。而麦金泰尔却认为：“教育不应该只具备工具性的目的，如帮助就业、增加产量、提高产品消费……一个只热衷于手段而不考虑这些手段带来的终极目的的社会是非理性的。”他大约是不赞成儿童为了将来而牺牲现在的。当代英国教育思想家约翰·怀特又说：“如果我们仅仅是让孩子现在活得快乐，那么，为什么他们今后的生活就应该被抛弃在考虑之外呢？假如强调眼前的快乐可能会使他们今后失去快乐，为什么现在的快乐要以牺牲将来为代价呢？”因而，既要保证童年学习生活的快乐，又要着眼于成年后的快乐，就成为教育界一个如何是好的两难命题。

该不该让孩子过早地体验人生的苦难和社会的阴暗？该啊，人世间原本如此，为什么要藏着、掖着？这会不会使儿童过早地蒙上邪恶的阴影，从而失去童年的纯真与快乐？那就不该！让孩子们留下一份美丽的期待吧。但这又会使他们从小生活在乌托邦式的田园牧歌中，难有承受挫折的勇气。

该不该在中小学的生物实验课上血淋淋地解剖小动物？该啊，科学验证嘛！可这岂不是与我们倡导的爱护动物、善待生命相悖？它是否会对儿童幼小而脆弱的心灵造成更大的戕害？知识把握和人文关怀哪个更有价值？

该向学生宣传唯物主义还是唯心主义？当然是前者。唯物主义是科学，科学依赖事实验证；唯心主义类似于宗教，宗教靠内心的体验支撑。可就“来世说”而言，相信人生有轮回，死后有天堂、地狱之分，是否会起到约束今生行为的作用？逝去的亲人还可以在“彼岸”相见，是否比唯物主义更人性化、更具有精神力量呢？

课堂该不该民主化？似乎毋庸置疑，可事情远没那么简单！民主是双向的，也是自律的。当学生做“奴隶”的日子太久之后，一旦置身于民主的环境中就会感到无所适从。

把天资不同的学生分在不同的班级授课，对不对？对啊，不是要因材施教吗？一锅烩必定有吃不饱、吃不完的现象存在。可是这样做相当于把学生分为三六九等，岂不是歧视？

教育是一门关于人的科学，而人是最复杂的生命形式。教育的悖论，除了反映着世界万物的复杂性、多元性和不可预知性外，也给了我们很多启示，它提醒我们，看问题得多一点辩证法、少一点形而上学；多一点实事求是，少一点理想主义；多一点中庸，少一点偏激。

“大有大的难处”

——学校的规模到底该多大

中国人大半有“大情结”，充斥于耳的几乎都是“大”：先前是陶醉于“天朝大国”，殊不知自己已是夕阳西下，而西方列强早已强筋健骨，虎视眈眈了。近些年耳边聒噪的是“进口大片”“大制作”，乃至不登大雅之堂的“女人喜欢大男人”……

20世纪80年代初，我去赤峰市宁城县进行教学实习，路过北京时参观了故宫，发现皇帝家不仅院子大、房子高、老婆多，就连坐的椅子也硕大无比，坐两个常人绰绰有余。当时我甚为不解，随行的余公家骥先生解释说：“你以为皇上个头都那么大？非也，不过显示天子与小民不一般而已。”

近十来年，很多学校也顺时应世，患上了“巨型学校妄想症”，张口“创一流教育”，闭口“办亚洲最大学校”。大学大肆“招兵买马”，拼命合纵连横，巧立名目新添专业，于是乎，在校生两三万的大学比比皆是。中学也不甘示弱，学生四五千甚至上万人似乎成了“名校”的标志、官员的政绩。除了经济上的利益驱动，是否也有心理上的自我陶醉？毕竟我们有“普天之下，莫非王土；率土之滨，莫非王臣”的文化遗传。

多，是否就意味着大和强呢？

哈佛大学无疑是世界名校，但只有十所学院及一所高等研究院，学生不过两万多人。牛津大学学生两万多人，耶鲁大学学生一万多人。当年国立西南联合大学在战火纷飞中由三所大学合并而成，但学生只有一千五百余人，少则少矣，但个个都是精英，其后人才辈出，成为三所大学最辉煌的时代。可见世上的事复杂得很，大则大矣，然未必强。全世界的鸡蛋联合起来，也打不碎一块石头。恐龙倒是大，但灭绝了；蚂蚁倒是小，但繁衍生息下来了。老百姓爱说："天塌下来有大个子顶着。"可见风险最大的是"大个子"。

《红楼梦》中凤姐说得好："外头看虽是轰轰烈烈的，殊不知大有大的难处。"大，学校就变成了工厂，教室就成了车间；大，因材施教、个性化教育就演变为一句空话；大，势必把弱势学校逼小、逼弱；大，轰轰烈烈的背后潜伏着危机，指不定哪天就会"哗啦啦似大厦倾"。由于规模无限扩张，生源只好退而求其次，向下切一个更大的三角而已。相应地，好教师难免捉襟见肘，只好矬子里面拔将军，使之在"名校"的光环下，浑水摸鱼。

教育有教育的规律，文化有文化的算账法。夸美纽斯的班级授课制说到底是资本主义大生产模式下的产物：使更多的人能够接受教育，从贵族教育走向大众教育，满足社会化大生产对技术劳动力的需求。但弊端随之而生：提高了效率，降低了质量；顾及了共性，忽视了个性。于是几度反复，最终企图以"分层教学""小班化教学"化解"规模化教学"与"个性化培养"的矛盾。看了《论语》中的"子路、曾皙、冉有、公西华侍座"，才明白孔子的因材施教是怎样提出的——学子三五个围坐在老师身边无拘无束地谈个人理想及职业选择，老师循循善诱，弟子各言其志。性格率直的子路和谨小慎微的公西华同样能被老师所关注。这是班级授课制永远无法企及和超越的。

南京师范大学教授张新平在《中国教育报》发表了《质疑巨型学校》一文，指出巨型学校存在着三大问题。我颇有同感，觉得应该讨论一下学校规模太大的问题了，不要等走得太远太偏时才矫正，那样我们会交更多的"学费"。

思辨教育时弊

换个视角，事物居然是另外的样子。虽然立论另类，却不是为了标新立异，而是告诉人们：我思考了！

“办人民满意的教育”之再思考

“办人民满意的教育”是党的十八大报告提出的一个口号。加上“人民”二字是执政党重视民意的表现，人民是国家的主体，国家的意志要服务于人民。同时这一口号也强调了教育的“人民性”。

后来发现，这一口号写在墙上、说在嘴上者居多。“人民”“教育”“满意”的内涵到底是什么？笼统地提这个口号会不会导致被误读、被曲解呢？到底是办符合教育规律的教育好，还是“人民”满意的教育好？是让“人民”短时间满意好，还是长久满意好？这是我们不得不提出的疑问。

“办人民满意的教育”，通俗的理解是，各级政府、各类学校要不断努力，使教育的发展能满足人民群众日益增长的物质文化及精神文化需要。这原本是没有问题的。几十年来我们不一直遵循着“满足人民群众日益增长的物质和精神需要”这一理念吗？可是细细想来却不尽然。

何为“人民”？

“人民”是个集合概念，在《现代汉语词典》上的定义是“以劳动群众为主体的社会基本成员”。人民的成员极为复杂，有精英贤达，也有芸芸众生；有独立思考、舍身求法者，也有随波逐流者；有懂得教育者，知道教育规律不可违，有不懂教育者，以为今日之中国的教育就是教育的常态。那么，我们是要让人民中的一部分满意，还是要让人民中的所有都满意？

何为“好教育”？人民满意了就是好教育、好学校吗？人民满意是指短期的还是长效的？是个体的还是群体的？

当下社会竞争激烈，为了考个好大学，人民会容忍教育对孩子的摧残，似乎眼下的教育就是满意的教育，若干年后，人民觉醒了，回过头会不会对当初的教育不满意呢？

我曾与一些教师谈论什么是好学校、好教育，他们的回答极为简单：社会口碑！家长让幼儿园“小学化”，我们就得小学化，就得让孩子识汉字，会算一百以内的加减法，否则就会被淘汰；家长把“三更灯火五更鸡”“天天补课，日日做题”的学校视为管理严格、负责任的学校，那么，我们就得满足他们的需求。甚至有的人还提出质疑：人民满意的就是应试教育，为什么还要推行素质教育？人民就想让孩子上普通高校，当白领、公务员，为什么还要动员人民的孩子上职高，这不是和人民对着干吗？

振振有词的背后，体现的是教育工作者对自身的起码责任的懈怠。

作为教育工作者的我们也是人民，而且是有教育专业背景的人民，似乎比一般的人民在教育上更有发言权。当人民的教育观、人才观与我们的专业常识发生冲突的时候，我们能简单地以“人民满意”了事，或者以“人民满意”为借口，对畸形的教育现状听之任之吗？18世纪法国大革命时期，罗兰夫人临上断头台前疾呼的“自由啊！自由！多少罪恶假汝之名而行”成为传诵两百余年的名言。在今天，这句名言我们也可以改成“人民啊人民，多少教育上的糊涂事假汝之名而行”。

教育，回归常识的艰难

教育部印发的《中小学班主任工作规定》完善了班主任的奖励制度，把班主任津贴纳入绩效工资管理，对于班主任承担超课时工作量的，以超课时补贴发放班主任津贴。但这些规定似乎没能引起众人多少兴趣，倒是那句“班主任在日常教育教学管理中，有采取适当方式对学生进行批评教育的权利”引来广泛非议。

为什么呢？依我看，最雷人、最幽默、最让人哭笑不得之处在于把“常识”当作“创意”了，把没必要规定的东西规定了，就如同国家质检局下发文件规定“厨师在烹调菜肴时可适度放盐及其他佐料”一般，因而显得幽默、滑稽乃至于令人震惊。

班主任批评学生还需要国家最高教育部门专门来规定一下吗？

教师批评学生在学校是很正常的事，也是教师的基本权利和基本教育手段之一。自新课改以来，不知从哪里吹来一股风，认为对学生只许表扬，不许批评。其实表扬与批评本应是相辅相成的，二者缺一不可。苏联教育家马卡连柯曾说：“在需要生气的时候，生气甚至会比和颜悦色更有效力。”大教育家孔子教育学生历来讲究循循善诱，讲究因材施教，但有时也免不了声色俱厉地批评学生。他有一个弟子叫宰予，此人擅长表达，说话娓娓动听，质疑辩论是他的长项。起初，孔子很喜欢这个弟子，认为他一定会很有出息。一天，孔子给弟子们讲课，发现宰予没有来听课，就派人去找。一会儿，去找的人回来说，宰予还在房里睡觉。面对着“昼寝”的学生宰予，一向温文尔

雅的孔子也怒发冲冠："朽木不可雕也，粪土之墙不可杇也！于予与何诛？"（《论语·公冶长》）

当然，有批评学生的权利，并不意味着教师就可以为所欲为、出口伤人，就可以滥用"批评权"，就可以一味地把批评当作万能的法宝，而忘记了严慈相济、软硬兼施。教育部应该出台的不是班主任有采取适当方式批评学生的权利，而是班主任如何适度地批评学生，哪些恶意批评是应该杜绝的。

网络上曾盛传一篇地理教师批评学生的"语录"精选，共四十余条，读来让人惊讶："这个题目不知道，你该下十九层地狱，不是一般的地狱。""很多题目真是只有不知廉耻的同学才会做错（极言题目之简单）。""有些登峰造极的同学现在还把'彗星'写成'慧星'，真是充满智慧的扫把星。"其"专业性"真是令人叹为观止。这样经常恶意批评学生的教师不乏其人，假如是这样的"批评权"，我以为，不赋予的更好。

规定常识性的东西，从侧面告诉我们，就教育而言，我们已经偏离常识许久了，也很远了。

今天之教育违反常识的事例不胜枚举。

学习不是为了考试，考试是为了学习。这原本是常识，但现在被应试教育颠覆了：考试就是学习本身，考试就是教育本身；学得好不如考得好，为考而学，考什么，就学什么。于是为了督促人们学，就以"考"为武器，为杀手锏，对学生、对成人莫不如此。

"骏马能历险，犁田不如牛。坚车能载重，渡河不如舟。"这是古人总结的真理。可见，没有加德纳的多元智能理论，我们的老祖宗也知道"尺有所短，寸有所长""一娘有九子，九子不一般"的道理，众人皆知的道理就是常识。可如今，基础教育界遗忘了这个常识，用一把尺子来测量众多性格迥异的学生，用一种模式、方法来教育和规范所有天赋不同的学生。于是，不合"规范"的学生自卑了、失落了、自暴自弃了。于是，爱迪生、瓦拉赫、爱因斯坦式的天才被埋没了、扼杀了。

常识如同正道，偏离后再返回会加倍的艰难。教育界的人士应该清醒地意识到这一点，从现在起，扭转反常识的局面，从自己做起，回归常识，免得使“非常态”成为定局，常识成为“发现”和“创新”。

“安全”的另类视角

校园安全，这些年在教育界越来越受重视。一些校长称，升学率高还是低、学生品德高尚还是平庸都在其次，最重要的就是安全——安全有误，就会被一票否决。

美国心理学家亚伯拉罕·马斯洛于1943年在《人类激励理论》一书中提出了人类“需求层次理论”，该理论将人的需求分为五种，像阶梯一样从低到高，分别为生理的需要、安全的需要、情感和归属的需要、尊重的需要、自我实现的需要。

何为“安全的需要”？其实就是希望免于灾难，生命有保障。它比生理需要较高一级，每一个在现实中生活的人，当生理需要得到满足以后就会产生强烈的安全需要。从珍惜生命、敬畏生命的角度把学生的人身安全摆在重要的位置上，原本是无可非议的，但过了头、越了界，便会衍生出其他问题，反而导致教育不安全了。

据称：如今，在中小学的体育课上，跳山羊、跳箱、单杠、双杠、游泳这些项目已经基本退出了，大量的体育器材闲置，不少学生九年义务教育结束后，一项体育技能也没有掌握，终身体育兴趣更无从谈起。北京市某区居然有10%的初中毕业生要求免考体育，这里既有真正不宜参加体育锻炼的，也有巧借名目逃避的。在包头市一所乡村小学，校长正指挥电焊工把单杠、双杠切割掉，据说是怕学生摔伤。大部分学校取消了春游、秋游，除非是家长签字，给学校以免责的承诺才会举行。不少大学的运动会居然取消了男子3000米、5000米长跑，据说是因为武汉某大学在长跑比赛中出现选手猝死……

毛泽东青年时鉴于国人被冠以“东亚病夫”的蔑称，曾提出了“欲文明其精神，先自野蛮其体魄”的主张；古希腊人把教育的顺序排列为“体德智”，强调“体”的载体地位；日本人特别注意学生体质、意志的培养，春游不坐汽车，要求学生骑单车，且轮胎的气不能太足，路程不能太短。这些对教育而言意味着什么？难道不是一件一目了然的事吗？

如果学生的精神文明了，但体魄却羸弱了，“豆芽菜”与“小胖墩”并存，一片近视眼镜晃来晃去，体质呈逐年下降趋势，16 岁的少年爬山还不如 60 岁的老人……

如此办教育，伤害的是谁？不安全的又是什么？

在校园安全问题上，我们是否该区别一下“意外事件”和“普遍现象”？“意外事件”是无可避免的，无论管理如何缜密、社会如何祥和，偶发的、突然的事件难免会发生。“普遍现象”则需要从学校的管理水平来考察：学校的管理是精致还是粗疏？学生的行为是规范还是进退失据？校园的设施是安全还是简陋？倘若都是前者，校长就能安心地按教育的常识办教育，就能像傅作义先生当年给奋斗中学题的校训那样，“体德智兼修，教学做合一”。

教育之失

——由钱伟长引发的教育话题

钱学森去世时留下了一个“钱学森之问”，像“李约瑟难题”一样，足以让今天的我们思考几十年。2010 年教育家、科学家钱伟长去世，虽然没有留下一个“钱伟长之问”，但他个人的成才经历及整个钱氏家族的群星灿烂，同样给我们提出无数的思考命题。

由钱伟长我想到了几个与教育密切关联的话题：一是学生的偏科问题；二是学生的专业选择权；三是名门望族的消失，对教育乃至人才的诞生意味着什么。

话题之一：偏科问题

一个学生的各门功课不能齐头并进、门门优良，谓之偏科。按照“木桶效应”，科是偏不得的，因为木桶的盛水量决定于最短的那块木板。可是同样的心理学理论——瓦拉赫效应和多元智能理论又告诉我们：尺有所短，寸有所长；“骏马能历险，犁田不如牛。坚车能载重，渡河不如舟”；人生苦短，欲成才杰，必“有所为有所不为”，“偏科”在所难免，倘若终身都在取长补短，势必一事无成。

钱伟长在中学时属于严重的偏科生，数理化学得一塌糊涂，高考时，物理只考了 5 分，数学、化学共考了 20 分，英文因没学过，当然是交了白卷。但这样一个在文史上极具天赋、数理上严重“瘸腿”的学生，却同时被清华大学、交通大学、浙江大学、武汉大学、中央大学五所名牌大学录取，后以中文和历史两个 100 分的成绩进入清华大学历史系。

2010年的7月，我们似乎遇到了一个类似的问题。

在参加复旦大学为自主招生举办的“博雅杯”人文知识大奖赛上，西安市的高三学生孙见坤在国学方面的深厚修养和独到见解震惊了评委，其中尤以对《山海经》的研究为人称道，被学者们誉为“万里挑一”的国学人才。但遗憾的是，孙见坤偏科严重，英语、数学成绩一般，因高考成绩离一本线6分之差，被陕西省招生办拒绝投档到复旦大学。

孙见坤没有钱伟长那么幸运，当时与钱伟长一样被“破格”录取的还有梁漱溟、沈从文、钱钟书……

话题之二：学生的专业选择权

钱伟长被录取到清华大学历史系后，却在一夜之间做出了一个大胆的决定：弃文从理。促使他作出这个决定的是当时发生的震惊中外的“九一八事变”。当钱伟长从收音机里听到这个消息时拍案而起，说：“我不读历史系了，我要学造飞机大炮。”他决定转学物理以振兴中国之军力。

一开始系主任吴有训拒绝其转学要求，后被他的诚意打动，答应让他试读一年。为了能尽快赶上课程，钱伟长早出晚归，废寝忘食。终于，他克服了用英语听课和阅读的困难，一年后数理课成绩居然均超过了70分，在毕业时，钱伟长已成为物理系中成绩最好的学生之一。

我们真该佩服物理学家吴有训的雅量和远见卓识，也不免追念那个年月“不拘一格降人才”的教育体制。

由钱伟长改专业我想到了另一个教育问题。

历史上半道改弦更张换专业而成功者不乏其人，但理工改文史的居多，文史改理工的较少。鲁迅、冰心、郭沫若由医学改文学；著名清史专家戴逸由上海交通大学的铁路工程管理改为北京大学的史学；张弦，1953年毕业于清华大学的冶金机械专业，后在工作之余从事文学创作，成为20世纪80年代最负盛名的作家之一；洪深，原本学化学陶瓷，后改学戏剧；黄仁宇，抗战前曾在南开大学学了两年机电专业，后投笔从戎，直至抗战结束后重读大学，先学新闻，后转至历史系，尤以明史研究成就最丰。此外还有丁西林，正业是物理学家，1913年毕业于交通部上海工业专门学校（今上海交通大学前身），次年入英国伯明翰大学攻读物理学和数学。1920年，丁西林归国，历任北京大学物理系教授、国立中央研究院物理研究所所长，一生写了10部戏剧，其文学成就更胜于科学成就，起码在中文出身的人眼里是这样。其实他写剧本不过是“客串”“票友”而已。

为什么理工改文史易，文史改理工难？

理工需要按部就班，需要教师的耳提面命，需要实验室的现场操作；文史可以自学，贵在领悟、积累，贵在旁学杂搜，有图书馆即可。并非文史好学，理工难攻，学科特点不同而已。钱伟长之所以成为特例，在于“为国而学”的宏大志向，在于家学源渊的熏陶，在于个体超人般的努力。

话题之三：望族消失的悲剧

千年延续的钱姓一族是五代时期吴越国国王钱镠的后代，今天该用什么来表示这个家族？贵族？世家？名门？贵族，按北京大学教授李零的说法，中国的贵族崩溃得较早，在东周时已经衰落。因此说钱姓一族是贵族显然不合适。世家？即世代显贵的家族或大家，似乎也不合适。那我们且以“名门望族”冠之吧。

钱镠祖孙三代，五位国君，以其卓越的施政才能，使吴越国富甲江南。钱镠的三十多个儿子多半被父亲派往江浙各州，使得钱氏家族很快繁衍开来。据民国年间编撰的《钱氏家乘》记载，国内有迹可循的钱氏宗脉有百余支。自钱王开始，钱家历朝历代皆有俊杰，有很多状元，无数进士。

乾隆年间进士钱大昕，被陈寅恪推为“清代史家第一人”。

走到近代，钱家出现人才“井喷”式爆发——

钱穆，近代中国最重要思想家之一，国学大师，香港新亚书院（今并于香港中文大学）的创始人。

钱玄同，新文化运动倡导者之一，反对文言文，力倡白话文。

钱钟书，以《管锥编》和《围城》等当代经典而名世。

钱学森，“两弹一星”总设计师，与钱三强、钱伟长并称“三钱”

……

同样令人惊奇的是，钱姓一族出现的杰出父子：钱基博、钱钟书父子，钱玄同、钱三强父子，钱穆、钱逊父子，钱学榘、钱永健父子……

钱永健（与日、美两位科学家共同获得2008年诺贝尔化学奖），钱学榘之子。钱学榘又是钱学森的堂弟，是出色的空气动力学家，曾经担任美国波音公司总工程师。钱永健的哥哥钱永佑是神经生物学家，兄弟俩都是美国科学院院士。

钱家是出院士最多的家族，如台湾“中央研究院”院士钱穆，中科院院士钱伟长、钱钟韩（钱钟书的堂弟）、钱临照、钱令希、钱逸泰、钱俊瑞、钱保功，中国工程院院士钱易（钱穆长女）、钱鸣高。

从生物学的角度看，名门望族似乎有优质基因的遗传，但一代不如一代的也大有人在。多少钟鸣鼎食之家消失在了历史的尘埃里，唯独诗礼之家绵延不断，人才济济，如以梁启超为首的梁家，以俞樾为排头的俞家……

“君子之泽，五世而斩。”钱氏家族人才辈出，群星灿烂，不是得益于当年钱王的恩泽，不是得益于家族积累的财富，起关键作用的当是以一贯之的家风，是代代相传对读书功名的看重。钱财可以散尽，权力可以被剥夺，但只要文化的脉络没有断，人才就会生成、发展、爆发，这正应了“忠厚传家久，诗书继世长”的古训。

学者钱文忠说，家族是一种氛围，一种潜移默化的影响，主要体现在家教。环境变了，家族也就断了。

自20世纪50年代以来，人们聚族而居的生活模式式微了，名门望族成为社会打击的对象。其后又有计划生育的国策，只有家庭，没有家族。家族，将无可避免地成为一个历史名词。世家或曰名门望族的不复存在，对教育、人才，将有多大的影响，值得我们认真研究。

“杀师案”背后的三个追问

——教育之缺失

想起《南方周末》曾刊登的《杀师案》一文，背后仍是一股冷气袭来。

湖北省安陆市一名18岁男孩捅了老师数十刀，致使老师毙命。在其后的三四天内，当事人居然像什么都没发生一样，该干吗干吗，使阅人无数的警察都莫名惊诧——一个18岁的中学生，命案在身何以如此镇定坦然？这需要多么好的心理素质？

现在需要我们反思的是，通过这件事，教育界人士该引发怎样的启示和教训。

我有几个追问。第一，我们为什么要逼这样的孩子上高中？这里的“我们”既包括家长，也包括教师乃至社会。这个孩子耳背且基础甚差，上课听不懂，无奈只好读些小说之类的“闲书”。但老师发怒了，于是师生冲突就这样发生，这成为其日后杀人动机之一。

九年义务教育结束之后，意味着国民的基本教育就完成了，分流是必然的、正常的。北京大学的郑也夫教授曾说，先前一个家庭四五个孩子，有自然分流的机制，能读书吃皇粮固然好，成为引车卖浆之徒也不丢人。今天一家一个孩子，都挤在一条死胡同了。其实，无论农耕社会、工业社会，还是信息社会，不可能每个人都读高中、读大学，成为知识分子。身在信息社会，做着农耕社会的事也是很正常的。瑞士只有28%的初中生去读高中，其余的则会学些技术做蓝领，依然生活得自在滋润。而我们，一条道走到底，不管天赋如何，基础、兴趣怎样，一律往“独木桥”上走。这给学生带来了很大的苦恼：不学，则教师、家长指责；学，则更加痛苦。度日如年是必然的。当今之应试教育对好学生而言尚且苦不堪言，何况是一些“学习的弃儿”呢？

第二，当学生无法听懂课的时候，上课看小说之类的“闲书”是否也是一个退而求其次的好选择呢？为什么要阻止？为什么教师总要把学生看成一个样子，只用一把尺子衡量学生，而不区别对待，分而教之？对这种“自我放弃”的学生而言，学习是一种苦役，苦役久了，难免心理扭曲，能不产生反社会的意识吗？可见逼不可能成为读书人的人读书是件多么危险的事。

第三，暴力倾向具有遗传性和传染性，这为他的杀人事件奠定了基础。我们来看看这个学生的生存环境：父亲和爷爷嗜酒如命、脾气暴躁，母亲沉迷于麻将，叔叔被判刑入狱，有邻居因口角而杀人……身为教育者的老师竟然毫无察觉，光有敬业精神有何用？这难道不值得每一位教师想一想吗？

过犹不及

——从全民学英语说起

“过犹不及”始出于《论语·先进》。

有一次，能言善辩的子贡问孔子：“师与商也孰贤？”孔子回答说：“师也过，商也不及。”子贡又问：“然则师愈与？”孔子说：“过犹不及。”

过犹不及是对中庸思想的一种形象的诠释。中庸思想是我们老祖宗在哲学认识论上的一大发现，充分显示着中国人的性格和智慧。试想，什么事不是过犹不及呢？喝老酒好，可是贪杯者喝多了大都又“倒”了出来，岂不跟没喝一样？贪财者，聚到多时眼闭了，空背着个“恶名”西去，岂不与没敛财万贯一样？后来西方人说“真理前进一步就是谬误”“量变必然引起质变”，比我们先人晚了多少年不得而知，总之，说的是一个道理。

一日，与几位同学小聚，席间谈及今日中国“全民学英语”之事，一位想去美国而不成的女同学说：“韩国的英语教学十分成功，人人都会说英语。”我不以为然：“差矣！别说韩国人，就是英国人也有不懂英语者！”对方愕然：“英国人不懂英语？”“英国大约也是有残疾人的吧，残疾人中定然有聋哑人吧，想必英国的聋哑人也是听不懂英语的，难道不是这样吗？”对方哑然，不知如何反击我这样的另类想法。

其实国民是否懂英语，原本是与诸如国家发达、经济繁荣、社会文明之类无必然联系的，当年那些“日不落帝国”的殖民地，不少国民精通英语甚或全民已丢失了自己的母语，如今又怎样呢？不是仍战乱频繁，冲突不已，贫穷依旧？可见，掌握一门强势语言未必一定可以救国。

对英语抑或各种“洋理论”的顶礼膜拜，必然会导致对民族文化传统的冷落，甚至是否定。这是一百多年来国人犯的一大错误。如今，“传统”，起码在教育上，不知何时已被演化为一个贬义词，凡教育弊端，无论是祖宗的遗产，还是当代人自酿的苦酒，一律不加分析也不愿分析直接嫁祸于先人，正如破落户的子孙，自己不思进取，江河日下，无奈之中便回头骂起了老祖宗，一为开脱“不争气”的罪责，二为发泄一通，求得心理平衡。

美国《基督教科学箴言报》在《中国儿童陷入与文化根基断裂的危险》一文中写道：“中国 20 年来一直致力于推进全球一体化进程，给这里带来了急剧的变化：中国年轻人一边喝着可口可乐，一边观看《星球大战》或上网冲浪，代沟使他们与祖辈产生了隔阂。……全国儿童已经陷入与文化根基断裂的危险中。”

“传统”是什么？它与“现代”究竟有什么关系？众说纷纭，一言难尽。但传统能“传而统之”，维系一个民族文化的传承，肯定有其合理内核。它不仅是精华与糟粕共存，而且与“现代”往往是你中有我，我中有你，新则旧矣，旧则新矣。惟其如此，人类历史进程中，常常创新便是要复古，为了“现代”而回到“传统”：在中国，有“古文运动”、康有为先生为了达到维新变法的目的写《孔子改制考》《新学伪经考》；在欧洲，有 14 世纪的文艺复兴。

孔子，两千年前的大教育家，他的思想是中华民族文化的根系之一。他的教育思想乃至教学方法过时了吗？落伍了吗？有教无类难道不可以理解为面向全体？因材施教难道针对的不是学生间的差异？学思结合难道不与今日所谓的“反对一味的灌输，提倡自主学习”同理？教学相长与师生互动又有何出入？今日之教育弊端丛生、积重难返，依我看，倒是与把传统中的闪光点轻易丢弃有关。如果课堂再能形成“子路、曾皙、冉有、公西华侍坐”那样的平和、散淡气氛，如果教师与学生能达到孔子师生那样无拘无束的关系，那将会是一种什么样的教育境界？

龙应台曾说过，《圣经》《庄子》应该每两年读一次。传统永远不会落伍，只是我们缺少发现的眼睛，它永远是活的。

大约明眼人已经看到了这其中的玄妙，发觉回归传统未尝不是一条创新之路。因而，宋人邵雍的“一去二三里，烟村四五家”重新走进语文教材；先背诵、识记，后消化、吸收的语文启蒙方法又被今人认可。历史就这样循环往复、踉踉跄跄地前进着。

董桥在《乡愁的理念》中讲到一个“莱佛定律”，所谈的是时装的相对性。“穿先进五年的服饰：无耻；穿先进一年的服饰：大胆！穿时下流行的服饰：漂亮！穿一年前流行的服饰：邋遢！穿十年前流行的服饰：丑陋！穿三十年前流行的服饰：滑稽！穿五十年前流行的服饰：古怪！穿七十年前流行的服饰：妩媚！穿一百年前流行的服饰：浪漫！”服饰的审美如此，文化传统不也如此吗？难道我们在教育的变革上不该放弃非此即彼的思维方式，中庸一点吗？

德育的天问

——关于德育的若干断想

今日之中国，有多少成人能有资格、有底气、有信心地“加强对未成年人的思想品德教育”？卖国求荣者，成人；腐败堕落者，成人；坑蒙拐骗者，成人；装聋作哑、麻木不仁者，成人……

总是喊“加强对未成年人的思想品德教育”，而从不强调“加强成年人的思想品德教育”，是认为成年人的思想品德没问题，问题只出现在未成年人身上，还是退而求其次，认为成年人压根儿没希望了，只能从未成年人做起？问题家长、问题社会、问题学校造就了问题学生，只指责孩子，用意是推卸责任，还是搪塞世人？如今，就思想品德的综合指数而言，最好的是成年人，还是未成年人？

古人云：“一屋不扫，何以扫天下？”是先让孩子“扫一屋”，还是先让孩子“扫天下”？这说的其实是道德教育的层次性问题。不同的社会角色应该有不同的道德标准，普通公民不同于社会楷模，芸芸众生有别于圣贤先哲；不同学段的人同样要有层次，于是产生了养成教育、道德教育、信仰教育，等等。

春秋时期的鲁国，有一则法规：凡从别国赎回在外为奴的鲁国人者，可向国库报销赎金。孔子的学生子贡经商致富，家道殷实。一次他赎回一个奴隶，但拒绝国家支付的赎金。孔子认为，此举虽高尚，但他人难以效仿，长此以往就会把善举演变为“只说不做”和“只能少数人为之”的行为。完善道德应该“人人可为尧舜”，而不是少数人杰的专利。

德育，不是多发几个文件；德育，不是再加几节课时；德育，不是重编一套教材；德育，不是策划几次活动。德育，就在你的举手投足、一颦一笑中；德育，就在教师的一次讲课中；德育，就在一次应付上级检查中；德育，就在家长餐桌上几句平常的议论中……

不要过分强调时效性。德育的时效性不是立竿见影的，而是无形、缓慢的。

不要笼统地认为学生厌恶德育。大多数学生其实一直都有修身善德的欲望。即使江洋大盗也如此。

明朝哲学家、教育家王阳明被贬官贵州，一日审问一大盗，对方一副“滚刀肉”的样子：“要杀要剐随你，但不要与我谈什么良知。”王阳明泰然处之：“好吧，今日我不与你谈道德良知。不过天气这么热，我们何不脱了外衣？”大盗欣然脱去外衣。王阳明又说道：“何不把内衣也脱掉？”那大盗当然不在乎赤臂，索性光了身子，只剩下一条裤头。王阳明更进一步：“干脆我们把裤头也脱了吧。那样岂不更自在？”大盗连忙说：“使不得，使不得。”王阳明紧接着问：“你为什么不愿脱掉裤头？不就因为你有羞耻心吗？我照旧可以和你谈谈良知。”那位大盗此时才知“中计”，于是将恶行和盘托出。

这个故事的启示是什么？这正是孟子所说的，人生来有向善之心、恻隐之心、羞耻之心、怜悯之心。

我们一直奉行教师是人类灵魂的工程师。但近年来，随着社会世俗化的盛行，“教师也是人，也有喜怒哀乐，为什么要求教师做道德的标本”这句话已成为教师道德水准下滑的理论依据，成为教育腐败的堂皇借口。

我无法苟同。

教师是种特殊职业，是“人的模子”，人格魅力消退了、学问商品化了、道德楷模不屑做了，那剩下的还有什么？

当心“多媒体寄生虫”

——再议教育技术依赖症

十年前我写过一篇《纳米稀粥千年虫》的文章，以“讨伐”教育技术依赖症。一次，与内蒙古自治区教研室的田老师小坐，谈及今年的全区语文教师基本功大赛，他说今年想规定“一律不许用多媒体”，以回归语文教师基本功竞赛的本来面目。我听后大喜。

以多媒体为代表的现代教育技术是什么？是工具！工具是干什么的？使用。它本身不是目的，而是手段、技巧，与木匠的斧锯、厨师的刀叉并无二致，仅此而已。可近十余年，相当多的人误把现代教育技术当作现代教育理念了，公开课如果没有用 Flash、没有用 PPT，就是陈旧、就是保守、就是落伍，于是，用嘴的“满堂灌”改为用电脑的“满堂灌”，把技术当作现代的标签贴在陈腐低效的课堂上，招摇过市。课本上有文本，却要把它显示在屏幕上；原本应该教师范读的，改为播音员、话剧演员的录音；原本应该品读的文字表述，却以一段电影代之，以为这就是新理念、新课堂、新课改、新方法。

开上“现代车”就是“现代人”了吗？似乎没那么简单、没那么容易。

近代中国跌宕起伏的“现代化”路程，足以证明。

我们先是以“天朝大国”自居、自傲，认为无须学习“夷人”之奇技淫巧。鸦片战争，几千“夷人”打败了四万万“文明”同胞，于是以为胜负乃由其“船坚炮利”所致，于是洋务运动随之而起，开始“中学为体，西学为用”，买洋船、洋枪、洋炮、洋家什，开矿山，修铁路，办兵工厂。然而甲午一战，一败涂地。是不换大脑，只换马褂之由。以为“现代”“富强”仅是“形而下”的“器”而已，对“形而上”的“道”，如制度、组织、文化、意识形态全然不顾。

工具者，器也。火药，可以做炮仗，也可以用来争城掠地、称霸世界；罗盘，可以用来算命看风水，也可以用来环游世界。现代教育技术，无论如何智能化，仍不脱“工具”之囿，无法代替活人之大脑。语文，说到底是学习母语，其读也、其写也、其说也、其听也，皆为语文。教师的基本功是什么？语文教师的基本功有哪些？说大了，包罗万象；说小了，起码有工整流畅的板书，有标准且有表情的范读，有清晰准确的讲述。此外，教师士人式的做派、高雅的言谈举止、广博的文化积累，谁能代之？

既然是基本功大赛，并且是关于语文的，当然离不开语文教师的十八般武艺了。但如果用的全是课件，全是别人的“武艺”，便如同厨师不煎炒烹炸、相声演员不说学逗唱，又如何判断其基本功如何？语文教学，归根结底是学习代代相传、生生不息的母语。是看文本，还是看图像，是与语文教育的本旨相关的。以《鲁提辖拳打镇关西》为例，作者“三拳”三个写法，有味觉（“扑的只一拳，正打在鼻子上，打得鲜血迸流，鼻子歪在半边，却便似开了个油酱铺，咸的、酸的、辣的一发都滚出来”）、有视觉（“提起拳头来就眼眶际眉梢只一拳，打得眼棱缝裂，乌珠迸出，也似开了个彩帛铺，红的、黑的、紫的都绽将出来”）、有听觉（“又只一拳，太阳上正着，却似做了一个全堂水陆的道场，磬儿、钹儿、铙儿一齐响”），可谓淋漓尽致，不可超越。试问：单是放一段电视剧《水浒传》的录像就能代替对语言的品味吗？

20 世纪 80 年代在北京师范大学听北京大学袁行霈先生的宋词欣赏课，那时已经有幻灯片之类的教育技术了，但袁先生弃之不用，他拉开遮挡的布帘，在黑板上写了起来，流畅的行书一出，全场啧啧之声四起。那不是语文教育？那不是语文教师的魅力？

现代教育不等于现代教育技术。先换脑子（理念）后换机器，有了脑子（理念），绳枢瓮牖的教室依旧可以上出最“现代”的课来，没有换脑子（理念），多智能的多媒体也是弊大于利，久而久之，学生就会变成“学习的寄生虫”，不动手、不思考、不质疑、不联想，贻害无穷。

信吗？我信。

应试的缰绳应用的马

——论“应试教育”与“应用教育”

就概念而言，到底是用“素质教育”好？还是“应用教育”好？

我受王丛老师的启示，觉得用应试教育和应用教育相对应，比应试教育与素质教育相对应更妥帖、更准确，也更具体可感、更容易操作。

应用教育是人的知识、能力、素养、价值观、思维方式等在长期的、开放的环境和应用中体现；应试教育则是在短时间的、封闭考试环境中体现，考后即忘，与使用无关，或压根儿就是“考即是用，用限于考”。

应试教育因相沿已久，而变得肆无忌惮、振振有词。

词一：应试教育也是一种应用教育，所以二者并不矛盾。

词二：应试教育下不也培养出那么多专家学者吗？

词三：应试教育下，学生考试成绩好；而应用教育下，学生考试成绩差，家长、学生、领导，谁能认可？

词四：不是要办人民满意的教育吗？人民就满意应试教育啊？谁不搞应试教育，就等于毁了孩子的前程。

……

这些“存在就是合理”的歪理邪说，暂且不屑与之理论，只想琢磨一下“词三”。

他们认为，既然你搞的是应用教育，学生的素质提高了，就不应该害怕考试，但学生连考试都怕，那素质又能高到哪里去？

表面上看，此话言之灼灼，一点没错，还有点“实践是检验真理的唯一标准”的味道。但细细琢磨，似乎事情又没有这么简单。谁来考？考什么？怎么考？考后如何处理数据，做出评价？这些十分深奥的问题还有待斟酌。

先说考试。考试原本是中国人的一大发明，据说当年伏尔泰听说中国人以考试选拔文官后着实称赞了一番。而今天看来，考试只是检测人的知识、技能的一种形式。考试，特别是书面考试，局限性极大。据称，现代人必备的120多种能力中，通过书面考试只能考查20多种。其余的能力（如兴趣、耐力、持久性等）都是隐性的、滞后的，无法通过书面考试检测出来。

再说考试的训练。经过应试的强化训练的学生，其考试成绩比没有经过强化训练的要高得多。这是毋庸置疑的，因为只要揣摩好命题的方式，再加以强化训练，无论命题人怎样变换形式，都是可以得高分的。上海曾经设计过“考德育”：不考德育知识，而是把考生放在具体的情境中“考”其行为。从“知”到“行”，这无疑是创造性的“考”。但能否纳入高考？不能！且不论是否能大面积操作，即使能操作，谙熟考试的“高人”很快就能编制出一套应考的训练方案。所以，仅凭考试成绩高就认定应试教育的成功是荒唐的。

类似案例甚多。

如在驾校，一个经过短期强化训练的新手，能轻易地通过穿桩、移库等考试，而一个技艺娴熟的司机可能无法一下通过考试。我们能说前者好而后者差吗？又如，在高考中，一个经过针对性训练的学生可以在阅读题上得高分，但阅读材料的作者面对阅读题可能觉得无从下手。我们的四、六级英语考试题，很多题目英国人都不会做（尤其是那些繁复的语法知识），且绝对“考”不过中国人中的考试高手（但这些高手中不少人学的是“哑巴英语”，只会“应试”，不会“应用”），难道他们的母语素养反而比我们低吗？

能“应试”的不能“应用”，会“应用”的不能“应试”，我们的教育该选择哪一个?

考试是一个教育改革者绕不过也无须绕的坎，但不能用“应试”的缰绳束缚“应用”的马。所有的考人者和被考者都该秉持这样一个理念：不怕考试，但怕僵化的、死板的考试；希望考试，但考试的尺子不应仅仅是一张试卷（试卷本身的信度、效度、难度等更得斟酌再三），而应该包括学生的知、行、情、意，多做形成性评价，少做终结性评价，关注学生们的实践应用水平和终身发展潜力，把眼光投向更远的空间。这般做来，或许评价才会更公允、更客观、更准确。

“应试”的缰绳是死的、规格化的、强制性的，故而霸气，有强烈的控制欲；而“应用”的马是活的、个性化的、不拘一格的，如世上没有两片相同的树叶一样，而挣脱现存秩序乃至陈规陋习的束缚是其原始的欲望。

“应试”是自信的，以体制内自居，属于正统、官方、庙堂，有强大的制度认同和民间默许；而“应用”则是体制外的，是江湖、草根、游侠，为了被“正统”认同，不停地辩白：“我们虽然搞的是素质教育，但成绩也很好啊，考上……”

应用教育的成就居然需要用应试教育的尺子来衡量、来认可、来鉴定。岂不怪哉!

应用教育确实“考”不过应试教育，但从长远看、从实践看、从终身看，应试教育则是“考”不过应用教育的。

人是很容易被利益驱使的，“近视”，是其天生的软肋，认同常规是必然的选择。即使前方死路一条，但只要被当下的利益而蛊惑，就会义无反顾地选择看得见、摸得着的蝇头小利。如果你问：“孩子现在高负担、高成绩，将来低能力、低智慧、对学习高度厌倦，或者反之，你要哪一个?”多数人选择了前者。这就是忌贪难、戒毒难、科学发展难的原委，这就是宁可要眼下的高分低能，也不要将来的可持续发展的背后动力。

听课的拓展性思考

——从苏霍姆林斯基的“听课观”说起

听课，是中小学教育教学中最常见的一项活动，贯穿在各类学校、各个学段、各个学科。听课，是教学管理的重要手段，是教师成长的重要途径和进行教研活动的主要方式。

为什么要听课？听课听什么？怎样听课才是有效的？苏霍姆林斯基的论述最为清楚、详尽、得体，最为得其要害。苏霍姆林斯基在他的代表作《给教师的建议》中，进行了专章论述，对听课的目的、听课的对象、听课的要点和听课的数量等都做了研究和分析，并提出了独到的见解。在此基础上，对于听课，我再谈几点自己的认识。

一、听课的类型及目的

听课，从不同角度可以得出不同的分类。

从听课的目的看，可分为管理性听课、研究性听课等。

管理性听课指的是校长、教导主任听教师的课，其目的十分明确，就是通过听课了解学情，了解教师群体的业务素质和敬业状况，了解课堂教学中存在的问题。苏霍姆林斯基认为，“课——这是教学和教育过程中的主要阵地”，因此，“在教育学上来说，校长分析教师工作的最适当的形式，就是定期地去听所有教师的课”。苏霍姆斯基在当帕夫雷斯中学校长时，每天至少听两节课，假如有事耽误了，则一定设法补上。他认为，假如一个校长不能保持这样的习惯，就“好比是一个被蒙住眼睛去上班的人，他在黑暗里徘徊：能听到一点，但是什么也看不见，不了解，不理解”。

研究性听课指的是为了发现、讨论、分析某个教学现象或某类教学问题而进行的活动。苏霍姆林斯基认为：“教师的成长取决于他的教育学知识的质变和深化。进修提高首先意味着，教师今天对于某一教育真理的看法已经不同于昨天。一个努力提高自己的教师，不断地处理着理论与实践的关系，好像是在用理论的光芒照亮自己前进的道路。”同时他认为，“学校这个教育实验室，是全体教师的创造性的结合体，是每天不断的智力交往，是精神财富的相互交流。对有经验的教师，应该听他足够数量的课，这是为了把他个人的创造性实验中一切有价值的东西，都吸取到学校的集体的教育实验室里来”，也就是把个人智慧变成集体财富。因此，他反对只听新教师的课而不听老教师的课的做法。

从听课者的身份来分，可以分为教研员的调研性听课，校长、主任的宏观管理性听课，同科教师的研究性、模仿性、吸收性听课，新教师的学习性听课，老教师的诊断性、指导性听课。不同身份的人听课，有不同的目的、作用和效果。

此外，还可以从所听课型及内容分为听讲读课、听实验课、听作业课、听活动课，等等。

二、“听课”与“看课”的置换

通常，在听课这个常规教学活动中，人们容易把听课聚焦于执教者身上，误把听课理解为听教师如何讲课。其实，听课，与其说是“听课”，不如说是“看课”。倘若聚焦于“听课”，听课者就会只带耳朵，不带眼睛，更不带心去听，只关注执教者讲得如何，即讲得是否清晰、流畅、准确，而忘记了教学的主体——学生，不关注学生学得如何。在教学中，教师固然要“讲得好”，但“讲得好”未必一定会出现“学得好”的结果。基于此，听课不仅要带着耳朵，还要带着眼睛、带着心去听，把主要精力、视角、重心等放在学生身上，也可以说是“看课”。改“听课”为“看课”，听课者的位置也要相应地发生变化，如听课者从坐在教室后面改为坐在教室前面或坐在学生中间。面向学生，看教师的主导作用是如何发挥的；看学生的学习状态是亢奋主动，还是沉闷被动？是参与，还是旁观？是学习的主人，还是教师的“奴隶”？苏霍姆林斯基十分看重课堂上学生的思维状态，尤其重视学生的独立思考。他曾说：“正像肌肉离开劳动和锻炼就会变得萎缩无力一样，智慧离开紧张的动脑，离开思考，离开独立的探索，就得不到发展。”假如一节课教师讲得准确流畅、生动精彩、毫无瑕疵，而学生却始终进入不了自主的学习状态，始终是听众，是“提线木偶”，是教师“表演”的配角。这样的课的效果如何不言而喻。故而，我们倡导听课要先在概念上加以矫正，将“听课”置换为“看课”，而后在实践中身体力行。

听课，究竟听什么？什么样的课是好课？什么样的课是失败的课？

苏霍姆林斯基说出了两个评价课堂教学成功与否的要点：一是听（看）教师的课是否有明确的教学目的，这个目的是否达到。苏霍姆林斯基说：“许多课（甚至有多年教龄的教师的课）的重大缺点之一，就是不善于明确地提出课的目的。”“问题并不在于在课时计划里写上本节课的目的。这种形式的规定可能是被照做了，但是教师并没有认识课的真正目的。漫无目的的课是白白地浪费时间，增加学生的疲劳，使他们养成一种松松垮垮的习惯，形成一种不良的道德品质——懒惰。”二是听（看）教师在课上是否交给了学生如何学习，学生是否处于脑力劳动状态。苏霍姆林斯基认为，思考能力具有特别重要的意义，在听课和分析课的时候，要特别注意研究学生解决了哪些思维性的任务，以及这些任务是否有机地包含在掌握知识的过程中。他还认为：“让学生在教师的指导下独立地研究事实和现象，是刺激积极的脑力活动的一种手段。”在独立研究的过程中，学生头脑里会产生许多问题，促使他们去思考现象的本质。所有这些也就是一种情绪——意志刺激，没有它，思维活动的幼芽就会枯萎。

三、 听课范围的拓展

1. 听本学科不同学段的课

任何一个学科都是一个整体，有其知识内部的系统性和逻辑性。一个称职的教师应该对本学科有基本的把握：本学科的基本事实是什么？知识体系是怎样的？本学科的学习内容在各个学段是如何配置的？为什么要这样配置？各学段之间是如何衔接的？基于此，我们倡导跨学段听课：听课，不能仅仅局限于本学段、本年级，应该拓展到本学科的各个学段。高中教师不妨听一听初中的课，初中教师不妨听一听小学的课，小学教师不妨听一听初中、高中的课，以整体把握本学科的体系。

2. 听不同学科的课

人们将知识分门别类，体系化、学科化，是为了便于把握这个复杂纷繁的世界，但学科之间是相互依存、互为支撑的。在基础教育阶段，国家所设置的课程都是为了学生的成长和发展，无主副之说，无轻重之别。各学科教学又有各自的方法和途径，新课程改革倡导打破森严的学科壁垒，不是要消融学科本质和特性，而是启示我们要用宏观的视角看待学科间的联系与影响。基于此，教师应该拓展听课的视野，跳出学科间听课的束缚，跨学科听课。文科教师不妨听一听理科的课，理科教师不妨听一听文科的课。从“隔行”的课中寻找与本学科教学的联系，借鉴其他学科的教学技巧、方法和思路。如数学、物理、化学、生物的教学问题有时受制于语文教学的成败——学生阅读能力差，看不懂教材的表述，表面是理科教学的问题，而背后却是语文教学的问题。

此外，教师还应多听一听课堂教学之外的课，如班会课、讲座、学生活动课，等等。

教育，就是做好普通的事

思考语文教育

爱语文、学语文、教语文，三十功名尘与土，到头来，怀疑语文教学、不屑语文教材、忧虑语文教师，甚至怀疑语文教育所走的路子……

写在“国际母语日”的牢骚

从2月21日“国际母语日”那天起，王丛老师一口气写了六篇关于母语、母语教学、母语命运的文章，加起来多达四万字。他把三十年的积淀和思考汩汩滔滔地倒了出来，于自己，是卸下了身上的一块巨石；于读者，能让人看到一个鲜活的哇哇啼哭的赤子。

王丛老师的这六篇文章是一部连续剧，是一个序列，从标题就能充分看出其思考、忧虑和彷徨感：《现实的苍凉——比较民国时期和当代的两篇作文》《简约之美——谈汉语的特点》《古典的魅力——语文教育的文、白之争》《传统的挣扎——语文学科的教学方法应该是什么?》《母语的呼救——营造母语生存发展的环境》《无解之结——语文往何处去?》。

母语式微，古典被摒弃，祖宗被亵渎、被否定，日子一天天破落，就反过头来埋怨是原本辉煌的老祖宗误了自己。这是近代国人的思维方式。

如今，青年人时髦的语言越来越少：以“哇噻”表示惊讶；以“郁闷”表示心情不痛快；以“超”“*N*”表示严重和多；以“恐怖”表示惊吓。除此之外就没有几个能用的、会用的词了。其母语表达能力之退化，语言之乏味，无以复加。

有些官方发言就更可笑了，“为某某事业做出了积极的贡献”。原来语言发展到今天，“贡献”还有“积极的”和“消极的”之区别！“消极的贡献”是什么？我曾经问过那些炮制发言稿的秘书们，他们均不知所云。

我们来看 300 多年前江淮名妓柳如是写给钱谦益的信：

“鹃声雨梦，遂若与先生为隔世游亦。至归途黯瑟，唯有轻浪萍花与断魂杨柳耳。回想先生种种深情，应如铜台高揭，汉水西流，岂止桃花千尺也？但离别微茫，非若麻姑方平，则为刘阮（刘晨、阮肇）重来耳。秋间之约，尚怀渺渺，所望于先生维持之矣，便羽即当续及。昔人相思字每付之断鸿声里，弟于先生，亦正如是。书次茫然。”

相传 1000 多年前，吴越王钱镠写给妻子的短信：“陌上花开，可缓缓归矣。”

与古人相比，我等今人文盲矣！回头看，新文化运动岂不亦是利弊兼具？难怪当时遭到学人的抵制。如复古派代表人物梅光迪、吴宓、胡先骕。他们坚信文言优于白话，极力主张言文不能合一。辜鸿铭，“生在南洋，学在西洋，娶在东洋，仕在北洋”，他在众人皆呼打倒“传统”的喧嚣声中，逆流而动，高调地宣称“大海对岸那边有几万万人，愁着物质文明的破产，哀哀欲绝地喊救命，等着我们来超拔他们”。

除辜鸿铭外，反对新文化运动者还大有人在。林纾，中国近代历史上著名的文学家、翻译家，他一生翻译了 200 多部外国文学著作，最著名的要数小仲马的《巴黎茶花女遗事》（《茶花女》）和斯托夫人的《黑奴吁天录》（《汤姆叔叔的小屋》），就是这样一位人物，在新文化运动狂飙之际，以《荆生》《妖梦》暗讽，全力捍卫文言文。还有一位学者叫杜亚泉，他原本醉心于西方文化，但第一次世界大战爆发后，他重新审视中国固有的文化，提出了用中国传统文化弥补西方文化之不足的观点。

毁灭文化，先从毁灭文字开始。文化的脉络已经断裂，文化的传承将遇到诸多问题。这不是我们的悲哀，又是什么？

天津高考作文题的 *N* 个视角

2013年，天津的高考作文题是《____而知之》。作家王海鸰认为虽然题目有点绕，但内容清晰，在现今这个信息碎片化的时代，这样的题目颇具现实意义。她还指出，这个题目本身难度不小，可发挥空间不大，平日对此有所积累的考生更容易发挥一些。

其实此题可发挥空间甚大。

看到题目，学生多半会轻车熟路地想到“学而知之”。孔子说：“生而知之者，上也；学而知之者，次也；困而学之，又其次也；困而不学，民斯为下矣。”这样写固然方向正确，但立意平淡，难有“非常之观”。

王安石说“非常之观，常在于险远”，既然命题人留了空白，何不天马行空一回？

空白处填上一个“生”字，围绕以下立意写：世上确有“生而知之”者，姑且不说什么“活佛知三世”，仅那些“不教而会”的天才学生就让人惊讶不已——别人焚膏继晷、夜以继日就是学不会，他们嬉笑之余就学会了。岂不是“生而知之”？其实，就学习而言，孔子把人分为这四种，远比那句“只有不会教的老师，没有教不会的学生”更可信。“生而知之者”确实是“上也”，却也少也。

空白处填上一个“做”字，围绕“实践”“亲历”写。把陆游那句“纸上得来终觉浅，绝知此事要躬行”用上，把“经验比知识更重要”用上，一定思路畅通，稳拿高分。

空白处填上一个“思”字，围绕“想”“思考”做文章。行文时可以把孔子的“学而不思则罔，思而不学则殆”用上。点明主题——带着自己的大脑去学习，凡事问问为什么，不人云亦云，才能真正“知之”!

空白处填上一个“教”字：既可从教师的角度生发，也可从学生的角度深入思考，围绕“只有教别人，才能使自己更透彻地知”来写。

空白处填上一个“失”字：失败乃成功之母，失败给人的最大回馈其实就是获得真“知”。

空白处填上一个“死”字：“死去原知万事空”，古人言“三寸气在千般用，一旦无常万事休”，道尽人生的悲凉。往往只有到死神来临的时候，人才会明白：无论官职、荣誉、财富，到头来都是一场空；人都是赤条条来，赤条条走，不带走半根稻草。不过，这有悲观论的嫌疑，对于面临人生选择的高考生而言，选这个角度为下策。

空白处填上一个“厄”字：不少人发达时不通情理，甚而助纣为虐，贫穷时才痛定思痛，良心发现，困厄的处境使其思维回归常理。

空白处填上“无知”二字：这个角度有点险，碰上一个胶柱鼓瑟的阅卷老师，可能会“全军覆没”。“无知”者怎么会“知之”呢？似乎说不过去！其实生活中这类事太多了，无知者给有知者启蒙，外行给内行指点。越是无知的人，越认为自己才是“知之者”；越是有知的人，越认为自己无知。

如此立意，定然出新。

叶老“例子说”的是与非

我一直认为，叶圣陶先生“教材无非是个例子”的观点，是语文单独设科以来最大的理论贡献。

为什么这样说呢?

与其他学科相比较而言，其他学科教材的内容本身就是学习的目标、内容，数学、物理、化学、生物等课程尤其明显。而语文教材提供给教师和学生的只是一篇篇文章，文章本身包含的信息很庞杂，天文地理、饮食男女，无所不包，从哪里生发开去都能上出一节语文课，但对学生语文素养的提高有帮助吗?叶老的意思是要把教材本身当作例子，通过对这个例子的学习，缓慢地、积累式地、螺旋式地提高学生的语文素养。学例子不是终极目的，只是途径和方法。“例子说”与“用教材教，而不是教教材”理念不谋而合。

有人却认为叶老的“例子说”最大的局限性就是只考虑了语文的工具性而忽略了语文的人文性。他们认为，教材中除了个别应用文外，其他文章（或者说例子）都有思想、精神，都承担着引导学生学习做人的职责。一旦把内涵丰富的文章，特别是经典诗文只当作例子，当作语文训练的例子，势必走向“工具论”，势必要忽视语文的人文性而强化其工具性。有人还因此认为之所以会这样，叶老的“例子说”难辞其咎。

显然，这是对叶老教育思想的误解和曲解。然而，这样的看法不在少数。“例子说”是他人对叶老教育思想的简单概括，叶老自己从来没有说过。叶老决不是一个工具论者，他一直坚持语文教学的“文道同一”。他强调“例子”的目的是告诫教师不要把教一篇又一篇课文（文本）当作语文教育的目的，而应把它当作典范、模板，通过教这个例子达到“不教”的目的。不少语文教师由于不懂“教材无非是个例子”的道理，往往认为教材上的文章都得掰碎了、揉烂了地教，生怕漏掉了什么。殊不知，教材也是人编写的，不是天然生成的。教学时，我们既可以用甲例，也可以用乙例；既可以用人民教育出版社编辑选择的例子，也可以用江苏教育出版社编辑选择的例子；既可以用教材中的例子，也可以用教师自己选择的例子。20 世纪 80 年代中期，我在中学教语文，觉得教材提供的郭小川的诗歌不够典型，于是就选了余光中的《乡愁》。我认为后者更有诗味，更有利于学生把握诗歌的特征。此外，语文学科中的同一个例子，如《静夜思》之类的经典，既可以让幼儿园孩子学习，也可以让小学生学习，在大学中文系，也将该诗拿出来作为通俗、质朴的范例来讲。这在其他学科里是不多见的，你见过高中生还在学习四则运算吗？没有。

当然，例子有优劣、文野之分，有合适与否的区别，不是任何文本都可以做例子。经典，作为经过历史淘汰过滤后的文字，属于“淘尽黄沙始到金”的东西，无论是形式（即语言表达的方式），还是内容（语言所表达的思想）都应该更适合做例子——既是人文的例子，也是工具的例子。

“例子说”断想

一

我认为，“教材无非是个例子”是20世纪贡献最大的语文教育思想。“语文教材无非是个例子，凭这个例子要使学生能够举一反三，练成阅读和作文的熟练技能”，虽然正式提出于1978年，但早在20世纪40年代叶老就有了这一思想的雏形：“如果国文教学纯粹是阅读与写作的训练，不含有其他意义，那么，任何书籍与文篇，不问它是有益或者有损于青年的，都可以拿来作阅读的材料与写作的示例。它写得好，摄取它的长处；写得不好，发现它的短处，对于阅读能力与写作能力的增进都是有帮助的。”（叶圣陶，《国文教学的两个基本观念》）

它的价值在于帮助我们厘清了是“教语文”，还是“教课文”。“用教材教，而不是教教材”说的就是这个道理，其理论基础也来源于叶圣陶先生的“例子说”。可是多年来，相当多的语文教师还是不知道、不理解、不实践这个最重要的语文教育思想。他们以为教课文就是语文教学的目的，教材中的课文就是《圣经》，就是法律，不敢越雷池一步。

二

早在1979年，叶圣陶先生在《重视调查研究——祝贺中学语文教学研究会成立》一文中就说得很明白：“至于教材选多少篇，选哪些篇，这些文篇怎么编排，我看未必是关键问题，也未必说得出多少道理来。选些文篇让学生读，无非是进行那些训练的凭借而已。不读这几十篇几百篇，换读另外的几十篇几百篇，也未尝不可。当然不是说选和编完全不必讲究。不过，要想从这里头找出非此不可的道理来，恐怕不容易。咱们一向在选和编的方面讨论得多，在训练的项目和步骤方面研究得少，这种情形需要改变。”

三

是有字的东西都可以当语文教材，还是必须选择经典当语文教材？例子确实有好例子和差例子之分，有合适的例子和不合适的例子之分。即使有了合适的例子，也存在一个如何开发、利用的问题。

有的课文根本就不适合做例子，它们或许是好文章，但是做例子就不合适，如领袖、政治人物的工作报告，因为它们不具备议论文的典型特征。学生到学校是为了学习，不是为了听报告，听报告可以另行安排时间。有的课文根本就不适合做语文教学的例子，但可做其他学科教学的例子，如《我的战友邱少云》，因为它“语文味”不浓，放到品德与社会学科中做案例或许更合适，可以让学生明白——当个人利益与群体利益发生冲突时，要牺牲自我，保存群体。

四

语文教学的例子内容庞杂，包罗万象。讲解文本中的一个字、一句话就能上一节语文课。所以只能“弱水三千，我只取一瓢饮之”，教师不能解读出什么就向学生灌输什么，或就此引导学生理解什么。否则，课堂就会变得杂乱无章。这是陆继椿老师“一课有一得，得得相联系”教学思想价值之所在。

五

叶圣陶先生在《怎样教语文课——在呼和浩特跟语文教师的讲话》中提到：“语文课和其他课程有所不同，比如数学，不能没有加减乘除，比如历史，不能短少汉朝唐朝，而语文课则不然。中学六年，假定要教三百篇文章，是否非教课本上所选的三百篇不可呢？不一定。不教课本上这三百篇，而另选三百篇也可以，只要文章是好的，同样可以提高学生的政治思想和语文水平。这是说语文课的教材不像数学、历史等课的教材那样固定。”

语文教学的例子可以跨学段、跨年龄，一首《静夜思》，幼儿园可以学，小学可以学，中学也可以学，大学还可以学，但不同学段学习的角度不同，可吸收、可消化的“营养”也不同。幼儿园孩子当儿歌背诵一下即可；小学生只需了解一下大意；中学生可以分析一下：诗人是怎么通过月光表达思乡之情，使作品情景交融的；大学生要研究的内容就复杂了：平仄、韵律、通感、审美等，还可考证一下“床”到底是指胡床（马扎），还是木床、藤床，等等。

六

虽然是同一个例子，但对其的利用却大相径庭，这是语文教学的特点。自然科学学科的教学则不会这样。初一学的数学知识，不可能到大学后再学，所以它要分初等数学和高等数学。

要利用好例子，需要教师根据课标的要求、学生的接受力、母语运用的实际需要去取舍、去拣选。如牛肉，有营养，也为人体之必需，但对于婴儿和十八岁的小伙子来说，食用方法却有区别：婴儿无法直接食用，需要母亲吃了牛肉，转化为奶水，为婴儿吸收；对于十八岁的小伙子，却大可不必，煮了、炖了、烧了、烤了均可。

七

十几年前我在湖北省宜昌市听课时发现一个问题：相当多的语文课堂教学只停留在“让学生理解文本内容”这个层次，学生“懂了”就算完成教学任务了。白话文浅显直白，哪个不懂？关键是要学文本的形式，如为什么要这样表达？这样表达的好处是什么？还有什么其他表达方式？等等。石皇冠老师对此有深刻的理解，指出学《孔乙己》，小学生、初中生难在内容；高中生难在形式。这是十分切中肯綮的。

对洪镇涛语文教育思想的再思考

2009 年 4 月 3 日、4 日，我在内蒙古自治区赤峰市喀喇沁旗田家炳中学与洪镇涛先生“第二次握手”，再次聆听其教诲，使我受益匪浅。

与十多年前相比，洪先生的语文教育思想显然更为成熟、完善了，既有理论依托——“道”，又有落实“道”或从“道”生发出来的“法”（方法途径）和“术”（技术、技巧），不可谓不周详完备。可见，一个人的发现和创见是一步步臻于完善的。

我在整理百年来有价值的语文教学思想时，首先想到了叶圣陶先生，接着洪先生的“指导学生在‘学堂’里‘学习语言’”和张孝纯先生的“大语文教学观”一下子浮现在我的脑海中。

思想，在《现代汉语词典》（第 6 版）中的义项有三条：一是客观存在反映在人的意识中经过思维活动而产生的结果；二是念头，想法；三是思量。据此，我把叶圣陶先生等人的创见概括为思想并不为过！把这些创见说成是“语文教育的想法和念头”也未尝不可。

洪先生的“念头”，对语文教育而言，具有振聋发聩的作用。借用“天不生仲尼，万古长如夜”一语，当今如果没有洪先生的“提醒”，我们不知还会在语文教育上糊涂多少年呢。这绝非过溢之词！

何为研究语言？学生学习“茴香豆”的“茴”，知道“艹”表示形，“回”表示声，这是学习语言；知道“茴香豆”的“茴”有四种写法，并分析其流变，那就是研究语言了。

很多人对洪先生的语文教学思想有以下两方面的疑问。

第一，新课改不是倡导研究性学习吗？为什么他反对研究语言呢？研究不也是一种学习的方式吗？

第二，过分强调语言训练会不会导致只强调语文的工具性而舍弃其人文性呢？

这实在是天大的误会！

首先，洪先生所反对的是学者式的研究，是以教师分析代替学生感悟的研究（其实多数教师何曾研究过文本？只不过是把“教参”上的分析搬到课堂而已）。洪先生主张教师在学生充分感悟文本的基础上，引导学生分析作者是如何表达的，并引导学生吸纳一些西方的理性思维方式。其次，洪先生强调语文的人文性是建立在工具性的基础之上的。在教学《捕蛇者说》时，他引导学生分析“专其利三世矣”中的“专其利”三字，人们冒着生命危险捕毒蛇只为“专其利”，可见世上还有比这更痛苦、更危险的事，由此揭示了“赋敛之毒有甚是蛇者乎”这一主旨。难道这不是研究型学习？这不是人文性？

洪先生提倡的语言训练是非机械性的、非纯工具性的，而人文性的体现是依托于语文教育的本体——语言的。他反复强调语感训练要与思想教育相结合，要与审美教育相结合，这不正是语文教育的人文性吗？

你有“课标”吗

——语文骨干教师培训会引发的思考

在呼和浩特市的一次语文骨干教师培训会上，北京市语文特级教师窦桂梅举起一本课标问在座的教师：“哪位手里备有这本书?”下面一百七十多人中只有一人举起了手。看到窦桂梅老师手中那本语文课标，早已被翻得皱巴巴了，上面全是圈点勾画批写的笔迹，台下顿时鸦雀无声。我不敢因此而妄断那些教师都没有课标，但课标在多数教师心目中没有什么地位是毋庸置疑的。

课标在教师心目中没有地位的原因，不在于课标本身的完善度，而是教师的教学观念使然。相当多的教师（语文教师尤甚）上讲台前最关心的是有没有教学参考书，倘若有，便把教学参考书上的现成条文誊写到教案中，然后搬上讲台，最后灌输进学生的大脑就万事大吉了；倘若没了教学参考书，便惶惶然不知所措。一辈子教书只读课本和教学参考书这两本书，而从没见过昔之大纲、今之课标的不乏其人。压根儿就没备课标、没备学生、没备教材，怎能不千课一面、万师同腔呢?

课标是什么？它是各科教师教学的依据，是评价的依据、考试的依据，是各个学科知识体系的浓缩，是教学质量是否合格的尺度。犹如《中华人民共和国刑事诉讼法》《中华人民共和国民法通则》之于法官和律师，是断案的准绳，是辩护的支点。手中或者心中没有它，教学的效果是可想而知的。然而就是这本教学中须臾不可离弃甚至涉及教师安身立命的小册子，在许多教师的眼中却可有可无，无足轻重。这不能不说是教师的一种悲哀。

作为一名合格的教师，自然应该了解本学科的知识框架、脉络结构，这样才能统揽全局。此外，教师还要了解：本学科教学中存在的主要问题是什么？目前研究的最新进展如何？主要的学术观点有哪些？争论的焦点是什么？下一步的发展动向和趋势是什么？课标，是提供这些东西的基本载体。

我有一册已故语文教育专家丁培中先生的《〈全日制义务教育语文课程标准〉学习辅导稿》。几千字的语文课标，在丁先生笔下变成九万多字的“个人解读”，该稿处处闪烁着他思辨的火花及对语文教育的深刻思考。有些教师备课经常不备课标，甚至不知课标为何物，有些教师却把课标置之案头“读破”“读烂”“读出体悟和思考”，这就是为什么同样是教师，教书的差距却很大的原因。

苏霍姆林斯基在《给教师的建议》中谈教师的教育素养时，特意讲到了类似的观点。他说，教学大纲的知识对于教师来说，应该只是其知识视野里最起码的常识。他们（指教学能手）的教育素养从备课中就可以看出来，他们是按照教学大纲，而不是按照教科书来备课的。

叶圣陶先生说过，教材无非是个例子。教教材上的文章并不是语文教学的目的，最多只是手段。否则，天下文章浩如烟海，有限的人生怎能学得完？走进一篇文章，犹如走进一大片菜地，茄子、辣椒、西红柿，琳琅满目，当然也有野草。该引导学生们采撷什么？数理化等课程是有大致方向的，而语文则不同，不能眉毛胡子一把抓。怎样利用例子，或者是从例子中选取哪些要素，依据的是课标，而不是教参。缺失了对课标的深入了解和揣摩，教师的课能不走到岔道上吗？

推进新课改以来，有一个重要的理念：用教材教，而不是教教材。试想，一个把课标束之高阁的教师，让其“用教材教”岂不是“赶鸭子上架”？这或许是新课改设计者因过度理想化而遭遇现实尴尬的原因之一。

“天上掉下个林老师”

——读《红楼梦》说教育之一

曹雪芹是位小说大师，在《红楼梦》中，他借书中人物谈了不少自己的文学观、审美观、创作论，这些观点涉及阅读、写作、为人、修养等方面，所以，从把这部小说中提取曹雪芹的语文观、教育观、教学观也未尝不可，不能算作牵强附会、任意穿凿。

香菱本为官宦人家的小姐，后被人贩子倒卖，沦为“呆霸王”薛蟠的丫鬟、侍妾。“身为下贱”，整日挨打受气，哪有附庸风雅、吟诗作赋的机会？可在第48、49回作者却详细地写了香菱学写诗的故事。整个过程让人回味无穷，也让我想起今天的语文教学来。

“呆霸王”薛蟠外出一年，香菱搬进蘅芜院与宝钗做伴，有了一个摆脱恶人蹂躏的机会。她想向姑娘们学学作诗，先求宝钗，“冷美人”宝钗不太热心，后求教于黛玉，黛玉一口允诺，不仅热心，还教的颇为得法。真所谓“天上掉下个林老师”，使香菱短时间内登堂入室，有资格加入大观园的诗社，参与联句，且吟出“一片砧敲千里白，半轮鸡唱五更残”的佳句。可见教师在引导学生学会学习中有着举足轻重的作用。实施新课改后，看见“学生自主学习”的字样就误以为教师无关紧要了，这是多大的曲解！

怎样才能学会作诗？黛玉认为积累为先，需要多读，读名家之作。“你若真心要学，我这里有《王摩诘全集》，你且把他的五言律一百首细心揣摩透熟了，然后再读一百二十首老杜的七言律，次之再李青莲的七言绝句读一二百首。肚子里先有了这三个人做了底子，然后再把陶渊明、应、刘、谢、阮、庾、鲍等人的一看。你又是这样一个极聪明伶俐的人，不用一年工夫，不愁不是诗翁了！”

这与语文新课标中“提倡少做题，多读书，好读书，读好书，读整本的书”是一致的。

诗的好处是教师分析出来的，还是学生感悟出来的？黛玉没有像今天的许多语文教师那样越俎代庖，而是让香菱叙述自己的阅读感受：“诗的好处，有口里说不出来的意思，想去却是必真的。又似乎无理的，想去竟是有理有情的。”“念在嘴里，倒像有几千斤重的一个橄榄似的。”这分明告诉我们：阅读是一种个性化的体验，只可意会，不可言传，感觉存在却道不出，也是一种审美的境界。假设教师想以条分缕析代替学生的阅读感受，不仅无益，还贻害无穷——文本变得索然无味，扼杀了学生的想象力和创造力。

读诗之后怎样才能有更深的体会？黛玉说：“正要讲究讨论，方能长进。”之后，她引导香菱说出自己独特的体验。参与讨论的，不仅有黛玉这个循循善诱的老师，还有宝玉和探春，形成了一种有效的对话。这种对话是双向的，甚至是多向的。不像我们今日之讨论多为优等生的一言堂，学困生不过陪衬而已。

学生写作能力的提高需要一个过程，如何使学生在实践中学会写作，从“不会”到“会”，从“会写”到“有创意地写”呢？

在香菱有了大量的阅读储备后，黛玉给她出了个“命题作文”——写月亮。香菱一共写了三首，一首一个层次，水平逐渐提高。第一首堆砌辞藻，翻来覆去只是说“月亮很亮”。黛玉不像现在许多老师那样只一味表扬，她既肯定成绩，又指出毛病所在，并鼓励香菱“只管放开胆子去做”。第二首除了写月，“月字底下添了一个‘色’字”，且有了人——“梦醒西楼人迹绝，余容犹可隔帘看”，但又过于穿凿。后香菱刻苦学诗，精血诚聚，于梦中获灵感，第三首写得“新巧有意趣”。诗作中有月有色，有月下多思多愁之佳人，借嫦娥的千古天问诉说自己的身世之感……

《红楼梦》中的“香菱学诗”给今天的语文教学带来了多重启示——

其一，同伴间（黛玉、香菱、宝玉、探春）的互教互学不但是可行的，而且是高效的。为什么呢？同龄人的阅历相似，思维方法相似，审美趣味相近，你所惑处也为我之所惑，你所感处也是我之所感，因而容易沟通。

其二，学语文，无他，但多读耳！黛玉曾提到一个“打底子”的概念，这个“底子”其实就是阅读的质和量。“熟读唐诗三百首，不会作诗也会吟”说的就是此理。但光读得多还不行，还要读名人名作，即读该领域中的精品，要“取法乎上”，与大师对话。

其三，教师把学生引入痴迷的学习状态是成功的前提，“剃头挑子一头热”终归是无法提高学生的语文素养的。那么，香菱的学习动力何在？兴趣是谁激发的？从小说的叙述看，她的学习兴趣不是黛玉这个老师激发的，而是自发的，黛玉只起到引导、催化作用。黛玉能教会香菱作诗，但能教会凤姐、玉钏乃至傻大姐作诗吗？显然不能。那么教学时“面向全体”就该重新审视了，应根据具体情况选择不同的教学方法。

其四，学习需要良好的氛围。显然，大观园中的少男少女们已经营造了这样一种氛围。他们的读书和写作是非功利性的，是出于兴趣和爱好的，是纯精神性的。正如探春所说：“谁不是玩？难道我们是认真作诗呢？”他们不为应试而学，不必猜题押题，无关个人前途命运，因而也就获得了充分的“创作自由”。而今天的我们，无论是教师，还是学生，在喧嚣躁动的氛围中，在学习目的窄化后，是否把语文学习乃至其他学科的学习功利化、世俗化了呢？

从“小红说‘奶奶’”想到口语训练

——读《红楼梦》说教育之二

先看一段出自《红楼梦》(程甲本)第27回的文字。

(小红)到了李氏房中，果见凤姐儿在这里和李氏说话儿呢。小红上来回道：“平姐姐说，奶奶刚出来了，他就把银子装起来了；才张材家的来取，当面秤了，给他拿去了。”说着，将荷包递了上去。又道：“平姐姐叫我来回奶奶：才旺儿进来讨奶奶的示下，好往那家子去的。平姐姐就把那话按着奶奶的主意，打发他去了。”凤姐笑道：“他怎么按我的主意打发去了?”小红道：“平姐姐说：‘我们奶奶问这里奶奶好。原来我们二爷不在家，虽然迟了两天，只管请奶奶放心。等五奶奶好些，我们奶奶还会了五奶奶来瞧奶奶呢。五奶奶前儿打发了人来说，舅奶奶带了信来了，问奶奶好，还要和这里的姑奶奶寻两丸延年神验万金丹。若有了，奶奶打发人来，只管送在我们奶奶这里，明儿有人去，就顺路给那边舅奶奶带去的。’”

话未说完，李氏道：“嗳哟哟！这话我就不懂了。什么‘奶奶’‘爷爷’的一大堆!”凤姐笑道：“怨不得你不懂，这是四五门子的话呢。”说着，又向小红笑道：“好孩子，难为你说的齐全。不像他们扭扭捏捏蚊子似的。嫂子不知道，如今除了我随手使的这几个丫头老婆子之外，我就怕和别人说话。他们必定把一句话拉长了，作两三截儿，咬文嚼字，拿着腔儿，哼哼唧唧的，急得我冒火。他们哪里知道！先是我们平儿也是这么着，我就问着他：难道必定装蚊子哼哼，就是美人了？说了几遭，才好些了。”李宫裁笑道：“都像你泼辣货才好！”凤姐道：“这一个丫头就好。方才两遭，说话虽不多，听那口角就很简断。”说着，又向小红笑道：“明儿你服侍我去罢，我认你做女儿。我一调理，你就出息了。”

“小红说‘奶奶’”是段绕口令，基本可以当作相声演员的“功课”去练。在小红的回答中共出现了十八个“奶奶”，其中有指凤姐的，也有指舅奶奶、姑奶奶、五奶奶的。这里既有从小红的角度说的话，又有转述平儿的话，还有五奶奶捎来的口信，十分复杂，不仔细甄别，真搞不清这些“奶奶”谁是谁。

这两段话不仅反映了小红的伶牙俐齿和擅长表达，更符合凤姐这个文化水平不高，但能力极强的管理者的人才观——凡可用之人首先得思路明晰、口齿清楚，能准确地传达主子的意思，文化水平高低倒在其次。这对课改以来倡导的口语交际训练颇有启发。“好刚口”的二奶奶王熙凤基本概括了口语训练的几大要素：说话神态要从容大方，不可扭扭捏捏，这与语文新课标中所提出的“与别人交谈，态度自然大方，有礼貌”如出一辙；一句话不能断成几截说，要主谓宾一气呵成；说话要“简（洁）（果）断”、响亮、明了，达到一定的音量，不能“哼哼唧唧的”“装蚊子”，这与语文新课标中“表达有条理，语气、语调适当”“做到清楚、连贯”的要求相仿；口语表达与书面语不同，不能咬文嚼字、拿腔作调。大观园内，宝玉和姐妹们交谈时可以引经据典，一语双关，可以用借代、拈连、反语等修辞手法，以增加趣味性和丰富性，但跟丫鬟、婆子、刘姥姥等非文化人说话就得直白明了。这不就是语文新课标所强调的口语交际“要注意对象和场合”吗？

新课改十分注重口语交际，与以往的教学大纲的提法也不同。语文新课标中，听、说、读、写四项基本能力中的“听、说”被改为“口语交际”，为什么这样改？丁培忠先生认为，口语交际是人与人之间的交往，它不是听与说的简单相加，口语交际不仅是语言交际，同时也是情感与态度的交流。

尽管语文教学应该听、说、读、写并举，不可厚此薄彼，但在应试教育的左右下，因听说能力无法纳入考试体系，自然也就无法进入教学视野，使得口语交际能力培养形同虚设，这样一来，文字表达还算流畅但“讷于言”的学生的出现也就在情理之中了。

张志公先生曾在鲁宝元的《说和听——和中学生谈语文的基本功》的序言中说过：“由于孔子说过‘巧言令色，鲜矣仁’，还说过‘刚、毅、木、讷，近仁’的话，后世儒家误以为这老夫子不讲究说话，甚至把不善于说话当成一种美德。其实不然。孔夫子反对的是口是心非、花言巧语那种不好的品质，提倡的是朴实淳厚那种好的品质。”在张先生看来，听说能力训练被边缘化源自中国人对“会说话”者的偏见。在我看来，这仍是应试教育在作祟，只要坚持应试教育，口语交际能力训练就无法真正进入语文教学。

在20世纪40年代，美国中学就开设了一门叫“说话”的课程。一个偶然的机会，我见到一份香港的中学语文考题，其中便有对“口语交际”相关内容的考查：上了公交车，因某事与其他乘客发生了纠葛，你如何倾听、表达、应对，化解矛盾。虽说用文字表达考查口语表达仍与初衷有相当的距离，但其重视人际交流的语文教学思想是值得肯定的。高考试题中加入一些这样的题型未尝不可。

语文口语教学之思考

——读倪萍的《那些还没盛开的花》有感

在《德州晚报》上看到倪萍的一篇题为《那些还没盛开的花》的文章，说的是她在北京大学的演讲，我很是惊讶于她的口语用得那么流畅、那么中听。

试举一例：

“年轻？这两个字在我身上已经没有了，我都老成啥了？偶尔照照镜子，自己都不认识自己了。盲目地自信，从不上美容院，连擦脸油最多也只抹三下，挺大的脸常常抹一半就干别的去了。”

据此，我又想起语文教学中的口语训练了。

民国时期，语文在小学叫“国语”，中学叫“国文”，后来合而为一，通称“语文”了，且重“文”而轻“语”，以为学语文就是学古今中外名人的典范文章，这是把“主要”当作“唯一”来理解了。

关于口语教学，语文新课标里写得很清楚：“语文课程应激发和培育学生热爱祖国语文的思想感情，引导学生丰富语言积累，培养语感，发展思维，初步掌握学习语文的基本方法，养成良好的学习习惯，具有适应实际生活需要的识字写字能力、阅读能力、写作能力、口语交际能力，正确运用祖国语言文字。”

语文新课标中，对每一学段的“口语交际”目标也有具体的要求。如第一学段（1～2年级）的目标。

1. 学说普通话，逐步养成讲普通话的习惯。

2. 能认真听别人讲话，努力了解讲话的主要内容。

3. 听故事、看音像作品，能复述大意和自己感兴趣的情节。

4. 能较完整地讲述小故事，能简要讲述自己感兴趣的见闻。

5. 与别人交谈，态度自然大方，有礼貌。

6. 有表达的自信心。积极参加讨论，敢于发表自己的意见。

但现行语文教材所选文章多用书面语言，运用口语的例子很少，几乎没有。教材里连例子也没有，怎么进行口语训练？如今在听、说、读、写四项基本能力中，最被重视的是读和写的能力，故有《读和写》杂志，而没有《听和说》杂志。重读、写，轻听、说，既是应试教育的产物，也是国人学习观、语文观的折射。在人的一生当中，四项基本能力中最常用的是哪几项？放弃了听和说意味着什么？不言而喻！

国人有一种错误的观点，认为汉语是母语，人从生下来就在听、在说，口语表达不会存在大问题。其实不然。口语是书面语的源头和根基，书面语用得好，口语未必好。如扬雄，其汉赋写得洋洋洒洒，难出其右，但为人口吃；如韩非子，文章汪洋恣肆，鞭辟入里，口语表达却不好（《史记·老子韩非列传》中有“非为人口吃”的记载）；反之，口语表达好，文字表达不佳者也大有人在。《红楼梦》里的刘姥姥，村妇一个，大字不识，但口语表达极好，传神、得体、俏皮、风趣、通俗，兼而有之。

口语是相声、评书，书面语是散文、诗朗诵；口语普罗大众，书面语则罗曼蒂克；口语是板胡、唢呐，书面语是单簧管、小提琴。口语，有其与书面语不完全相同的语法、词汇、魅力及用场。

有位女同事，爱读书，爱写文章，且喜欢拿捏着、雕琢着写。五六年不曾见，突然有一天在报纸上看到她写的短文，把一篇随笔写得如拉家常般自然、妥帖、流畅、诙谐，颇有味道。整个一脱胎换骨！

近十余年，“秋雨体”散文很盛行，学生作文也受到了影响，不管学生写得如何空洞无物，如何矫揉造作，只要模仿出一点“余氏”文采，准拿高分，很多老师就喜欢这种风格的文章。“楚王好细腰，宫中多饿死”，弄得一代人写文章多少有点矫情。

文采是什么？简言之，是文章的风采。不是文章华丽才叫有文采，平实、质朴、通俗，同样是文采。浓墨重彩是美，淡扫蛾眉也是美。董桥、余秋雨行文中的铺陈、精致是美，金克木、季羡林文章中的直白、古拙也是美。

看来该在语文教育界发起一场“口语运动”了，给口语一点位置：选一些好的口语做例子，入教材，对话、独白都行，吵架、抬杠也无妨。让学生学学会说话的人是怎么说话的，同样的意思能有几种说法；面对不同的场合、不同的人，该说什么样的话。别让人笑话：孩子们书念了十几年，连个话也不会说，语文老师是怎么教的？

对《望月》教学的点评

——与王老师商榷

我从网上看到了王老师执教《望月》的课堂实录。就此，谈几点自己的看法。

第一课时

师：今天我们要学习的是当代著名作家赵丽宏的散文《望月》，请大家一起把课题读一遍。预备——读。

生：望月。

师：轻轻地读一遍。

生（轻轻地）：望月。

师：柔柔地读一遍。

生（柔柔地）：望月。

点评：语文教学中的读是很有讲究的，首先有个顺序问题，是默读在先，还是齐读在先？我以为是前者。其次，“望月”二字没必要齐读。谁能分辨出轻与柔的细微差别？话剧演员？播音员？此外，学习一篇课文之前应该先让学生通览全文才对。读书，读书，首先得读通、读透、读顺畅，没有酣畅淋漓的“读”，没有反复吟咏的“读”，学生如何感知文本？

师：有人说《望月》所望的月亮不是一个而是三个。一个在江中，一个在诗中，还有一个在心中。请同学们打开书，以最快的速度读一读，找一找“江中月”在哪儿，“诗中月”在哪儿，“心中月”又在哪儿？然后试着完成课堂作业第一大题中的第一小题。

点评：“有人说”，谁说？无非是把成人的理解（多数情况下也不是教师本人对文本的解读，而是照搬教学参考书的文本解读）强加给学生，学生则是在配合教师“表演”。常听到一个比喻：在课堂上教师是“导演”。在剧组，导演的地位较高，演员得听导演的！倘若学生在课堂上成了“演员”，则是最大的悲哀！我觉得，即使存在“江中月”“诗中月”“心中月”（姑且不论这样概括是否准确），也应该是学生在教师的引导下得出，而不是教师强行将其灌输给学生，应该让学生经历结论得出的过程。

（生默读课文，完成课堂作业。）

师：好的，把笔放下。我们来交流一下第一小题的答案。

生：先写“江中月”。

（师板书：江中月。）

生：再写“诗中月”。

（师板书：诗中月。）

生：最后写“心中月”。

（师板书：心中月。）

师：大家同意吗？

生（齐）：同意。

师：了不起！只浏览了一遍课文，就能把握这篇文章的写作顺序。《望月》先写——

生：“江中月”。

师：再写——

生：“诗中月”。

师：最后写——

生：“心中月”。

点评：把语文教学演变为做语文题，是应试教育的产物。

王老师虽然也用了“交流”这样的词，但并没有看到学生进行实质性的交流。何为交流？交流就应该有理解的差异、观点的碰撞，起码学生在表述上应该是个性化的。但此处我们看到的似乎是师生在对台词。“江中月—诗中月—心中月”仅仅是对写作顺序的一种概括，但不是唯一的概括。难道不能把写作顺序概括为“我望月—我与外甥背诵与月有关的诗—我和外甥比想象”？

师：当我们搞清了全文的写作顺序之后，就会有新的发现，孩子们，这叫整体地读，明白吗？有了整体地读，接下来就要进行细致入微地读。谁找到了有关“江中月”的部分？

点评：对小学四、五年级的孩子最好不要用“整体”这样的词，应该换一种学生易于明白的说法。我想这是王老师说给听课老师听的。因为在课中，他不仅要考虑学生，还要考虑“观众”。

生：在第二自然段。

师：读给大家听听。

（生读第二自然段。）

师：很好。这位同学很认真地把“江中月”这部分内容读清楚了。好，大家看，这就是文中出现的“江中月”（多媒体出示文字），请大家轻轻地、自由地读一读，感受一下江天月色。自由读，按自己的节奏读，读出自己的感受来。

（生读这部分文字。）

师：好的，谁来读一读描写江中月色的文字。

（生读。）

师：读得很好。面对着这样一片江天月色，你心中涌起的最大感受是什么？谁能用一个词来形容自己内心的感受？

生：月明人静。

师：月明人静，一个“明”字，一个“静”字，说出了诗中特殊的氛围，真好。

生：月光如水。

师：月光如水，多么美妙的字眼，月光像流水一样泻在江面，泻在江的两岸，泻在江天交界处。很好。

生：心驰神往。

师：好一个“心驰神往”。孩子，你已经走进了这个画面。你不仅把自己的身体，甚至把自己的灵魂也放在了这个画面中。

点评：对学生的回答逐一进行了点评，肯定了学生，使学生感受到成功的快乐。

师：下面请大家再轻轻地、美美地读这段话。

（生齐读。）

师：好一派清幽的景象，好一种旷远的情怀。同学们，这就是赵丽宏笔下的“江中月”。既然是“江中月”，就应该与江有关，对吗？在这段文字中，迅速地找出那些带“江”的词，然后把它们圈出来。

（生看书，圈词。）

师：好的，我们来交流一下，你圈出了哪些带“江”的词。

生：长江。

生：江面。

生：江水。

生：江两岸。

生：江天交界处。

师：大家看，这就是文中出现的五处带“江”的词语。请大家用笔画出来。请看大屏幕，（多媒体出示第二自然段，带“江”的词语用红框圈出）下面我们来读一读这段话，怎么读呢，我来读带“江”的词语，你们读其余部分，我们来感受一下“江中月”的美妙。

（师生合作读第二自然段。）

师：现在调换来读，你们读带“江”的词语，我读其余部分，注意我读时的声音、气息、节奏，还有速度。

（师生再次合作读第二自然段。）

点评：在这个环节中，我以为应该让学生随着文本阅读掌握剪影、沐浴、隐隐约约、绘声绘色、清幽旷远、凝望等词语。尽管积累词语需要全方位的努力，但课堂教学是一个重要的渠道。纵观这一教学过程，王老师似乎忽略了这一教学目标。

师：此时此刻，月和江可以分离吗？不可以。江和月可以分离吗？不可以。因为此时此刻，月和江已经融在了一起，月亮、月光和月色已经融在了——

生：江面。

师：融在了——

生：江水中。

师：融在了——

生：江两岸。

师：融在了——

生：江天交界处。

师：这就叫——

生：“江中月”。

师：同学们，其实在这样一个月光皎洁的晚上，你完全可以想象得到，月亮照耀的不仅仅是一条江，而是十条、百条、千条、万条江。这就叫“千江有水千江月”。让我们再一次走进这江天月色，感受“千江有水千江月”的意境。我一句，你们一句，我们合作读一读。（放背景音乐）

（师生合读。）

师：这真是月光照水，水波映月，天上的一轮明月照亮了大地上的无数条江，而无数条江中倒映着同一个明月。这就是“江——中——月”。

点评：1995年在湖北省宜昌市的一所学校听课时，我发现了一个语文教学中老而又老的问题，大多数语文教师是通过烦琐的分析，让学生“理解”文本的，学生“理解”了就大功告成了。对言简意赅，有些佶屈聱牙的文言文，这么做无妨，但教学白话文时还这么做，则有点不可取。

理解固然需要，也重要，但语文教学主要是学形式的，是要让学生知道作者是如何表达的，为什么要这样表达，这样表达的好处是什么。我以为王老师的课可以少一些理解性的环节。

师：那么“诗中月”在哪呢？

（生读有关“诗中月”的文字。）

师：这就是她找的“诗中月”。跟她找的一样的同学请举手。没有找到的赶紧画下来。我们来看，这六句“诗中月”，如果你仔细观察，就会发现，每句诗中都嵌着一个“月”字。如果你再仔细观察，你还会发现，虽然诗人们望着的是天上的同一个月亮，但是他们当时的心情——

生：不一样。

师：他们当时的感受——

生：不一样。

师：他们当时的体会——

生：不一样。

师：请你在每一句诗中找一个能反映诗人心情的动词，圈出来。

（生圈动词。）

师：好的。我们先来看第一句，你找到的是哪个动词？

生：“呼”字。

师：把“呼”字圈出来。看，有人在“呼月”。他小时候不认识月亮，看到月亮觉得好玩，觉得好奇，于是对着月亮，喊它、叫它。当时诗人会是什么心情？

生：很兴奋。

师：很兴奋、很好奇。好。把这种感受读出来，你来读第一句诗。（指生）

（生读。）

师：（指生）你再来读一读。

（生读。）

师：不行，不兴奋、不好奇。来，你读一读。（指生）

（生读。）

点评：“呼作白玉盘”的“呼”是“喊”的意思？应该是“称”的意思。这两句诗的意思：小时候不知道这叫月亮，称它为“白玉盘”。我以为无论如何不能理解为“对着月亮喊”。

师：这就对了。我们再看第二句，你圈的是哪个动词？

生：“问”字。

师：来，把这个“问”字圈出来。

师：月亮出来了，诗人举起酒杯，对着夜空，对着月亮，问月亮什么？谁能用诗中的话来回答。

生：明月几时有。

师：大声地问。

生：明月几时有。

师：是的，就是这样问。你再来问一问。

生：明月几时有。

师：站起来大声地问。

生：明月几时有。

师：抬起头来，对着青天问。

生：明月几时有。

点评：我认为苏轼不是在“问”，更不是“大声地问”，而是在想，在思考，什么时候有了月亮呢？宇宙是何时诞生的呢？

师：诗人当时是什么心情呢？

生：孤独的心情。

师：（指生）你来读一读，要把诗人的这种孤独、忧伤读出来。

生：明月几时有，把酒问青天。

师：不错，谁再来试一试，你来。（指生）

生：明月几时有，把酒问青天。

师：真好。看第三句，你圈的又是哪个动词？

生：“疑”字。

师：面对着床前这清幽的月光，诗人为什么会“疑”月呢？同学们，其实这首诗，我们从小就会背，而且早已耳熟能详。床前明月光，疑是地上霜——

生：举头望明月，低头思故乡。

师：客至他乡，夜深人静，诗人躺在床上看着眼前一地清幽的月光，竟然怀疑这到底是不是月光，当时诗人是什么心情？

生：困惑的心情。

生：孤寂的心情。

生：思念家乡。

师：体会得真好。因为诗人在思念自己的家乡。我们再来看第四句，圈的是哪个词？

生：“近”字。

师：把这个字圈出来。大家看，诗人旅途劳顿，日暮时分，终于把船停靠在江边，可以休息了，这时最先迎接他的是倒映在江边的那轮皎洁的明月，诗人心中不禁涌起了一丝欣慰、些许欣喜。来，我们怀着这样的感受来读一读。

（生读“野旷天低树，江清月近人”。）

师：好。在第五句中，你们找到了哪个动词？

生：“对”字。

师：好。把“对”字圈出来。诗人看着月亮沉沉地落下去，天地之间一片幽暗、朦胧，此时此刻诗人的内心满腹惆怅。让我们一起把这种感觉读出来。

（生读。）

师：好。我们再看最后一句，同学们又找到了哪个动词？

生：“入”。

师：“入”？

生：“江水流”的“流”字。

师：什么流走了？

生：江水流走了，情感也流走了。

师：其实，这两句诗中，确实找不到与诗人有关的动词。我们必须要看诗的后两句，也许你要找的词就在诗的后两句。“夜发清溪向三峡，思君不见下渝州。”哪个字？

生：“思”字。

师：把“思”字写下来。

师：诗人在思渝州。因为那轮“峨眉山月”像朋友一样陪伴着他夜发清溪直向山峡，然而夜到渝州，那轮“峨眉山月”却再也看不到了，于是诗人像思念一位好朋友一样思念那轮明月。同学们，我们看，有人因为好奇而——

生：呼月。

师：有人因为忧伤而——

生：问月。

师：有人因为思乡而——

生：“疑”月。

师：有人因为欣喜而——

生：近月。

师：有人因为愁绪而——

生：对月。

师：有人像怀念朋友一样——

生：思月。

点评：教师说出前半句，学生说后半句，这不是在问，而是在对口令！在课堂教学中，问题应该具有思考价值。

师：课文不仅写了“江中月”“诗中月”，还写了——

生：“心中月”。

师：谁找到了？

（生读有关“心中月”的内容。）

师：你找到的是谁的“心中月”?

生：小外甥的。

师：好的。大家看，这就是小外甥的“心中月”（屏幕出示有关“心中月”的文字）。谁能把小外甥的“心中月”说出来。

生：月亮像喜欢看我们大地的明亮的眼睛。

师：还可以再浓缩一点。

生：月亮像明亮的眼睛。

师：坚定地、肯定地告诉大家。

生：月亮像明亮的眼睛。

点评：儿童的想象力丰富、奇特，“看山不是山”，而读了许多书的成人却缺乏想象力，“看山还是山”。如果此处将“心中月”改为“眼中月”可能更合适，一个孩子眼中的月。孩子把天空看成一个人，把月亮想象成一只眼睛（另一只闭着呢）。

师：没错，这就是小外甥的“心中月”。同学们，《望月》中所望的三个月，有的是作者的想象所得，有的是作者的观察所得，有的是作者的回忆所得。你能不能根据刚才的理解试着完成课堂作业第一大题的第二小题。

（生做题。）

师：好。我们来交流一下。

生：想象心中月。

师：稍等。（板书：想象心中月）继续。

生：观察江中月。

（师板书：观察江中月。）

生：回忆诗中月。

师：同意吗?

生：同意。

师：好。请坐。

师：又有人说，《望月》中所望的三个月，一个代表了过去的月亮之美，一个代表了现在的月亮之美，还有一个代表了未来的月亮之美。你能不能根据刚才的理解完成第三小题。

（生做第三小题。）

点评：画地为牢，将学生引导到预设中来，使学生没有了创新思维，没有了个性化解读。不是教师为学生的“学”服务，而是学生为教师的表演做配角！

师：好。现在请同学回答第三小题。

（生回答第三小题，师依次板书：现在　过去　未来。）

师：还有人说，《望月》所望的三个“月”，一个写来有童话的味道，一个写来有散文的味道，还有一个写来有诗歌的味道。你能不能根据自己的理解，试着完成第四小题。

（生做第四小题。）

师：好，请你回答。（指生）

生：“江中月”写得有散文的味道。

师：好。大声点。（板书：散文）

生：“诗中月”写得有诗歌的味道。

师：继续。（板书：诗歌）

生：“心中月”写得有童话的味道。

师：好。（板书：童话）同意吗？

生：同意。

师：孩子们，看黑板。呈现在你们眼前的就是《望月》这篇文章最大的特色。我们看，《望月》先写——

生：“江中月”。

师：那是他的观察所得，代表了月亮的现代之美，有散文的味道。作者接着写——

生：“诗中月”。

师：那是他的回忆所得，代表了月亮的过去之美，有诗歌的味道。作者最后写的是——

生："心中月"。

师：那是他的想象所得，代表了月亮的未来之美，有童话的味道。同学们，你们说，这样的构思好不好？

生：好。

师：巧不巧？

生：巧。

师：妙不妙？

生：妙。

点评：最好不要向小学生灌输文体知识，他们还不能充分理解。

师：合在一起就是"好巧妙"这三个字。有人很佩服作者，终于有机会可以当面向作者请教了。他说作者的《望月》写得太好了，问作者当时是怎么想的？为什么写得这么巧妙？同学们想听听赵丽宏的回答吗？

生：想。

（多媒体出示赵丽宏的回答：这些我在写的时候根本没有想过。不过，我觉得这样解读也不错！其实每一篇文章，每一个人都可以有自己不同的解读。）

师：大家现在有什么感受？有什么困惑？

生：他写的时候根本没有想过怎样写好它，没有想过为什么会写得这样好。

师：你是在替他做解释？你们从他的话中明白了什么？

生：每个人用自己的眼睛去看世界，大家的眼光不一样，所以看到的世界也不一样。

师：说得真好。还明白了什么？

生：每一个人对某件事或某个东西都有自己独特的解读。

师：非常好。还有，你们看——有人从《望月》中读出的是"江中月""诗中月""心中月"，赵丽宏说，他觉得这样解读——

生：不错。

师：有人从《望月》中读出的是观察之月、回忆之月、想象之月，赵丽宏说，他觉得这样解读——

生：不错。

师：有人从《望月》中读出的是现在之月、过去之月、未来之月，赵丽宏说，他觉得这样解读——

生：也不错。

师：还有人从《望月》中读出散文之月、诗歌之月、童话之月，赵丽宏说，他觉得这样解读——

生：也不错。

师：你们看，一篇课文有了四种解读，我相信，一定不止这四种，也许有五种、六种、七种、八种，甚至千种、万种。当你认真地去读时，每次读完的感受都可能不同。我们把这样的读法叫作——

（多媒体出示：千江有水千江月。）

师：知道它是什么意思吗？你们看，天上只有一个月亮，然而当这个月亮倒映在无数条江中的时候，江中就有无数个月亮。这样的写法就叫作——

生：千江有水千江月。

师：明白吗？

生：明白。

师：这节课就上到这里。下课。

点评：此处说“一千个读者就有一千个江和月”是不是更合适呢？

总评：

整个课堂有观赏和表演之嫌，只关注听众，而未关注学习主体——学生。《中国教师报》的李炳亭老师说，如今，小学语文教学从曾经的灌输和说教式，错误地转到了另一个方向，“升级”为教师的“艺术表演”。赤峰市林西县教研室的韩中凌也认为，如今的小学语文教学，依然多以灌输和讲授为主，小学语文教师依然在重复着自说自话、自以为是、以“我”为中心的教学，比的是课前预设谁更巧妙、课上表演谁更生动。这样的语文教学依然还停留在以教师为中心的层面！

争论教育真谛

理不辩不明，事不鉴不清。教育的真谛就是在不断地争辩中变得越来越清晰的。

受当年邓拓、吴晗、廖沫沙在《北京晚报》开设“三家村札记”专栏的启示，2000年3月起，我与赤峰市的王丛老师拟在《内蒙古教育》杂志上照猫画虎开设类似专栏，苦于无第三者应答，只好易名为“两家村札记”。我二人前后五六年对二十多个教育热门话题进行了对话式讨论，现节选其中若干。

同样的小说，不同的味道

——“两家村札记”(1)

王丛：《黄生借书说》有云“书非借不能读也”。

语文课上，学生偷读小说，你以为学生既然愿意读小说，讲小说时他就一定愿意听了。错，你讲小说时，他一定会读别的。不信？报载有学生云，他自己读《祝福》落了泪，课堂上学《祝福》，却索然无味了。所以人们将婚姻比作“围城”，外面的想进去，里面的想出来。其实围城比比皆是，何止婚姻？譬如学校，何尝不是围城？没有机会读书的人想读书，有机会读书的人却厌学。

孙志毅：你说的现象我从教时也看到过，但结论与你相反。我以为学生读《祝福》能潸然泪下，听教师讲《祝福》却昏昏欲睡，既不是

"偷"引起的兴奋，也不是"距离产生美感"。很多学生都说，一篇文章自己看很有意思，老师一讲就觉得索然无味了。看来问题主要出在语文教学本身上，或者说出在那个上课的语文教师身上。

首先，学生自读的小说与我们教学中提供的小说不是一回事。学生选读小说，全系兴之所至，哪个有意思就读哪个，追求的是审美享受，不必考虑中心思想，不必学习写作方法，也不会想到语文素养的提高，"有意思"才是他们选择文本的唯一标准。而教材中的小说则须兼顾多种要素，诸如对人类文化的传承、文本语言的典范性、学生语文素养的提高，以及这个"主义"教育，那个"思想"渗透，甚至还提醒学生高考会据此如何出题，应该怎样应对，等等。应用功能才是它的最终诉求，学生岂能不感到乏味？

其次，同样的小说，不同的教师用不同的方法去教，教学的效果可能会迥然不同。北京大学中文系教授孔庆东在北京市第二中学教《祝福》时就教了一个问题："是谁杀死了祥林嫂？"在教学中，孔庆东言语诙谐、独辟蹊径，在这样"另类"的小说解读课上，学生会觉得索然无味吗？

拿着鸡毛当令箭

——“两家村札记”（2）

王丛：在现代京剧《沙家浜》中，胡传魁有一句台词：“参谋长放个屁也是香的？拿着鸡毛当令箭！”

据云，黑人和拉丁裔人无读书的传统，无法坐下来静静地听课，注意力只能维持1分钟左右。所谓以学生为中心、小组协作、探索性学习、研究性学习，原是美国教师为了让黑人和拉丁裔学生能在课堂上不产生问题，为了自己不会在教室里被黑人和拉丁裔学生气疯而创造出来的骗社会的教学方法——假如他们无法坐在自己的座位上上课，教师就说：“好吧，我们来进行小组协作……”［《中英教育的对话（三）》发表于《教师之友》2004年4期］所谓多元智力理论，也极有可能是这样产生的。这些教学方法在美国都是“鸡毛”，到了中国就都成“令箭”了。

孙志毅：此次课改的设计者和推行者多有留学欧美的学术背景，再说，在全球化的大背景下，教育的“现代化”几乎成了“西方化”的同义词。与国际接轨已经演变为与欧美接轨。“拿着鸡毛当令箭”似乎是顺理成章的事。在这一点上，我与你没有分歧。但我以为将以学生为中心、小组协作、探索性学习、研究性学习作为教育理念和学习方式本身是没错的，我们是误在生搬硬套、机械模仿上了。“经”还是“好经”，只是和尚念错了。

黑人和拉丁裔人无读书的传统，而且无法坐下来静静地上课，其实很多学生都这样。再说，即使华人有读书传统，也不排斥少数学生是生来就不喜读书的。难道“有读书的传统，能坐下来静静地上课”的学生就该这样上课吗——只记忆、储存教师给的现成结论，而不参与得出结论的过程？就可以以教师为中心、以课本为中心，而不以学生的发展为中心？

我不敢苟同。

信息传递之误谁之过

——“两家村札记”(3)

王丛：“传话”是一种游戏，即若干人纵向站成一排，由排头往后依次传同一句话，传到最后，这句话往往已面目全非。

教育中也要注意避免这种信息传递的失误。

陈赟在《我们需要什么样的教师——关于真实学校情景中教师素质的思考》一文中说：“有经验的教师常会告诉我们这样的从教经验，他们说，当你第一次走到学生面前的时候，学生就会对你掂量了，估计你的厉害程度，然后做出怕不怕你的决策。这个怕不怕你的决策对教师的任教过程的影响是决定性的。我爱人给我讲，她开始上第一节课时，面带微笑，对学生们说她是他们的好朋友，不必拘束，鼓励他们举手，活跃气氛，甚至允许他们做小动作，没对他们提课堂纪律方面的要求。结果学生们就开始活跃了，也任意动作了。她在上边说，他们在下边说，有些同学还在下边嬉笑。布置作业时，同学们说太多了，他们说哪一题不要做，题目不要抄，她都依了他们。”结果其爱人任教的班级，考试平均分总是低于最好班级 7～10 分，已两次被解聘。

对于大多数中小学生来说，学习还存在很大的被动性。如果他们觉得某位教师不厉害，他们对教师所提的要求就会置之不理。没有要求，就很难出教育效果。

教师发出的信息，是要平等地对待学生，营造宽松的课堂气氛；但学生接收的信息，却是老师不厉害，可以为所欲为。也就是说，教师传出的信息是“尊重”，但学生接收的却是“放纵”。这种信息接收的失误是不是类似于“传话”游戏？

孙志毅：我当老师的那几年也对此深有体会。你对学生微笑，学生就会连基本的课堂秩序也难以维持；你给他们民主选举班干部的权利，他们就会把和自己关系好的学生选为干部；你告诉学生，如果今天无事可记，日记中也可以像鲁迅那样写“今日无事”，过不了几天，学生交上来的日记本大半写着“今日无事”；你告诫他们，考试是为了检测自己的学习成果，作弊是毫无意义的，要用自己的心去为自己监考，后来发现，你成了他们“喜欢”的监考老师——因为你监考，他们会有更多的机会作弊。这样的教师做久了，就会被社会划入“不称职教师”的行列。

教师投之以桃，学生却未报之以李。是理论错了，还是实践错了？我至今也理不清。朱熹说过：“尧、舜、三王、周公、孔子所传之道，未尝一日得行于天地之间也。”圣人不同于凡人，孩子区别于成人。不是没有孩子从教师的微笑中看出尊重，也不是他们永远看不出教师微笑中的尊重，只是需要时间，需要增加阅历。

学生“告密”这件事

——“两家村札记”(4)

王丛：《妹妹的支教手记》中提到，某教师每天都会安排一个学生负责抓违反纪律的同学，如果一天记不下一个违反纪律的同学，他就得挨批。一个孩子在快下课时对窗外的同学笑着打了个招呼，就被班里负责纪律的同学记下了。因为他每天至少要记下一个违反纪律的同学的名字，否则他就得挨批。

由此想到某教师在交流会上谈自己管理班级的经验——让学生每天都匿名书面揭发班里违反纪律的同学。她说，最初，检举信很多，后来，检举信就渐渐少了，说明违反纪律的学生少了。言外之意，这是个有效的方法，是值得推广的经验。但我觉得，这不就是在怂恿学生告密吗？而告密，通常被认为是卑劣的行为，是不光彩的，属于“鬼蜮”一类，是应该取缔的。(当然，对不良分子的秘密揭发，不在此例)

在专制主义时期，历代帝王都或明或暗地鼓励告密，并将其作为自己统治的手段。这难道也是传统，也要薪火相传?

孙志毅：“告密”在汉语里是个贬义词。事实上，在法制社会，有的“密”必须要“告”，否则作奸犯科者、贪赃枉法者岂不更无法无天了？有的“密”却不能“告”，如无关大局的小错，与公共利益无涉的个人隐私，不被既得利益者认可的思想、观点，等等。通常，人们反感的是后者。

耶稣的门徒犹大因告密而被永远地钉在耻辱柱上。古今中外告密者层出不穷，袁世凯告了密谋政变的谭嗣同，“胡风事件”中舒芜把胡风写给他的私人信件交给了组织……2008年华东政法大学的“杨师群事件”说的是该校两名女生将古代汉语老师杨师群告到市教委和公安局，理由是在课堂上其“批评文化”“批评政府”……告密方法之多样，且因此而获的罪也五花八门。鉴于此，有人称之为“告密文化”。

如今，班主任为了“统治”班级，把告密制度化、组织化、数量化，其实是“告密文化”的现代版，是过去“恶攻”的死灰复燃。为什么有些班主任热衷于制造“告密”的氛围呢？班主任掌握学生动态如同君主把握臣民的动态，需要告密者、需要间谍、需要卧底？

这里涉及教育观、师生观、管理观的问题。假如教师能像夏丏尊那样，认为教育是爱的艺术，那么决计不会采用这种手段。

王丛：我又想到一则高考题。

2008年高考语文试卷（北京卷）中的文言文阅读题，取材于《汉书·韩延寿传》，韩延寿曾做颍川的地方官，“颍川多豪强，难治。先是，赵广汉为太守，患其俗多朋党，故构会吏民，令相告讦，颍川由是以为俗，民多怨仇。延寿欲更改之，教之礼让”。

显然，韩延寿的做法是正确的。

孙志毅：同是地方官，韩延寿秉持儒家的理想主义行为规范，赵光汉遵从法家的现实主义做法，儒家讲究“教化”和“道德内省”，法家讲究“法”“术”“势”，估计“告讦”属于“术”。后者于统治来讲也许能立竿见影，而前者则需要一个漫长的过程。教化，历来都是缓慢的、滞后的、隐性的，大半是前人种树后人乘凉。所谓冰冻三尺，非一日之寒也。

就班主任而言，怎样才能既不涉嫌怂恿告密，又能及时了解班情呢？这是学问，也是艺术，还涉及道德尺度，很难拿捏。恐怕为班主任者首先得辨别学生的告密是在提供决策参考，还是在诬陷他人、讨好老师，即要先弄清他的动机是什么，然后才能择善而从。

学生该有什么样的志向

——“两家村札记”（5）

王丛：有道是“有志不在年高，无志空活百岁”。

有人曾问三个砌砖的工人在做什么，第一个砌砖工人答“砌砖”，第二个砌砖工人答“赚钱”，第三个砌砖工人说“要建造世界上最富特色的房子”。据说，多年之后，第二个工人做了包工头，第三个工人成了有名的建筑师，而第一个工人仍然在砌砖。由此可见，有志向和没志向的人结局往往是不同的。

所以，教育的首要任务是让学生立志——成为有志向的人。但其志向要切合实际，否则就是空想。

一位女学生考上师范院校后，教授问她为什么要报考师范院校。她说，开始她想成为一个伟人，觉得不现实；后来想成为伟人的妻子，觉得也不现实；于是，她决定做伟人的老师，所以报考了师范院校。这个女学生无疑是聪明的——她的志向切合实际，所以顺利实现了。

回头看第一个故事中第一个砌砖的工人，似乎也无可厚非——这个世界总得有人砌砖，不可能都成为包工头或是建筑师。

所以，我觉得教育最重要的任务就是帮助学生树立切合实际的志向。因为，没有志向，与拥有不切实际的志向，同样误人。

孙志毅：我同意你的观点。人生在世，没有志向，浑浑噩噩，得过且过，不好；志向太高、太大、太空，同样不好。

古时陈涉为人佣耕（属于“贫农”），但他想到了“富贵”，想到了

“解放”，并自称有“鸿鹄之志”。诸葛亮隐居隆中，自比管仲、乐毅。李鸿章24岁中进士，曾立下“丈夫只手把吴钩，意气高于百尺楼；一万年来谁著史，三千里外欲封侯。出山志在登鳌顶，何日身才入凤池？倘无驷马高车日，誓不重回故里车”的宏愿，最终位及人臣。

最后，他们都成功了，都如愿以偿了，都成了影响中国历史进程的人物。假如没有志向，他们的结局会是什么样的呢？

我曾在人民网论坛上看到一个“吓人”的志向。现不惮烦琐，全文转录：

今天，老师带领我们到烈士纪念馆参观，使我很受感动。那些革命烈士，为了革命，不怕严刑拷打，不怕枪林弹雨，为了穷人的解放，献出了自己宝贵的生命。我要向他们学习，做革命的接班人，长大后为人民服务。

我热爱那些为了穷人打天下的烈士，我痛恨那些资本家反动派。听爷爷说，刚解放那会儿，日子虽然苦，但那时当官的一心为老百姓着想，不像现在，到处是贪污的官员。我对爷爷说，我长大了就专门抓贪官，给他们灌辣椒水，让他们坐老虎凳，叫他们把贪污的钱交出来，分给穷人。我们也是穷人，爸爸妈妈都下岗了。爸爸每天去蹬三轮车，还经常被城管赶来赶去，有一次被城管没收了车，爸爸整整哭了一夜。我劝爸爸说，等我长大了，就号召我们班同学专门打城管，吊在树上打，拿皮带抽，看他们还敢不敢猖狂？妈妈对我最好了，她身体不好，没钱治病，却把好吃的都留给我，我让她吃，她总是说不饿。

我小时候最喜欢在姥姥家玩，姥姥家住在四合院，虽然很破旧，但邻里关系很好，那些爷爷奶奶都喜欢我，说我又调皮又聪明，长大一定能当将军。

姥姥家院子里有一棵枣树，每到秋天，我就上去摘枣吃。可是，前年，那里拆迁，房子全被推倒了，姥姥姥爷还有其他的爷爷奶奶，买不起郊区的大房子，只好租一间小房子住。姥姥原来的家盖上了高楼，成了繁华的商场，挣了很多钱。而姥姥却要住小房子。我不喜欢那个高楼，我在心里对姥姥说：我长大了，要学本·拉登，开个飞机把它撞翻，重新给您盖个四合院，种上枣树、石榴树。

老师经常教育我们要好好学习，我一定听老师的话，好好学习，长大当发明家。我要发明一种武器，能认出好人和坏人，发射的子弹能一直追着坏人打，把他的屁股打个洞。

我喜欢枪，我最喜欢的枪是AK47，等我长大了，就用这种枪去打敌人，我一定不怕牺牲，我一定能够胜利，那些烈士就是我的榜样。

儿童的志向就是社会的一面镜子，这位小学生的志向是“改变社会现状”，应当说是非功利性的，但却很暴力。让人不得不思考：教育该怎么办？社会该何去何从？这样的志向好不好？这名小学生会不会成为中国的切·格瓦拉？作文教学中是教学生说真话好，还是教学生做“官样文章”好？

人格分裂：教育的病态

——“两家村札记”（6）

王丛：口与心、说与做、对内与对外，往往并不一致。所谓“心口不一”“口是心非”“口蜜腹剑”“明是一盆火，暗是一把刀”，所谓“说到做不到”“说大话，使小钱”“语言的巨人，行动的侏儒”，所谓“对人是马克思主义，对己是自由主义”，说的都是这种现象。

这无疑是一种病态，是人的病态，也是社会的病态。

现在的教育，也存在着这样的“人格分裂”性的病态。

教师的言行往往不一致，要求学生做到的，教师自己能做到吗？难说。专家学者的话也不能全信。那些口口声声反对择校的人，可能正在为给自己的孩子选择一个好学校而奔波，甚至可能不仅仅是选择学校，还要选择国家。而那些反对应试教育的人，可能正在为自己的孩子考没考上重点院校而或高兴或发愁。

“人格分裂”的病态教育，培养的也多是“人格分裂”的病态的学生。他们会在作文中大写父母的劳作艰辛、赚钱的不易，发誓要努力学习、勤俭节约，但照样在课堂上睡觉、翻墙到校外上网……

什么时候人们能够心口合一、言行合一、内外合一了，我们的教育乃至我们的社会，才会健康。

孙志毅：教育的病态源于社会的病态或曰人类的病态。人是一种极为复杂的动物，今人尤其如此。托尔斯泰认为，人的内心里有一个“恶的我”，又有一个“善的我”，其实际情况远远比这复杂。在很多人眼里，希特勒算个恶人吧，但有人看到私下里他趴在地下让他的小外甥骑在背上，其慈爱和顺与常人无二。

许多人没有认识到教育是无时不在，无处不在的，他们以为在所谓的教育场合（如学校）实施教育才是教育，其他情境下则与教育无关。以为“说”是教育，“做”不是教育；台上是教育，台下不是教育；写在纸上的是教育，付诸行动的不是教育。因此，我很欣赏学校墙壁上的那句话：“校园处处是教育，学校人人当教师。”

教育的分裂与教学内容充满悖论密切相关。一边教育学生要乐于助人（助人肯定包括帮助陌生人），一边又告诫学生不要和陌生人说话……在这样的教育理念下成长的学生，不“人格分裂”很难。

2002 年全国高考作文题是这样的：

有一位登山者，在途中遇上暴风雪。他深知不尽快找到避风处，非冻死不可。他走啊走啊，腿已经迈不开了。就在这时，脚碰到一个硬硬的东西，扒开雪一看，竟然是个快冻僵的人。登山者犯难了：是继续向前，还是停下来援救这个陌生人？心灵深处翻江倒海之后，他毅然做出决定，脱下手套，给那人做按摩。经过一番按摩，陌生人可以活动了，而登山者也因此暖和了自己的身心。最后，两个人互相搀扶着走出了困境。

也许不是人人都会碰上这种生死的抉择，但是每个人却常常遇到、见到、听到一些触动心灵需要做出选择的事情。那时，我们大家是怎样选择的呢？又应该如何选择呢？请以“心灵的选择”为话题写一篇作文，所写内容必须在这个话题范围之内。

考生该做出什么样的“选择”呢？往往我们判断一篇文章好坏的标准是思想正确，用今天的话说是情感、态度、价值观正确，那么，谁敢拿自己的前途命运当儿戏？于是只能选择“停下来援救这个陌生人”，在我看来，濒临绝境仍能施救于别人一定是大仁大德之人，非常人能为也。写作文时选择说假话不存在危险，没有代价，何乐而不为？至此人格已经分裂了。

可见“人格分裂”缘于社会现状、人性的弱点——假话比真话顺耳，说真话比说假话艰难。

办个“慢班”又如何

——“两家村札记”(7)

王丛：在教育中，总觉得有些事情本不复杂却由于种种原因偏偏复杂起来，快慢班就是一例。

该不该分快慢班？当然该分。所谓的快班、慢班是相对的，是建立在差异之上的，学生间存在差异，这是事实，如果差异之大到了可以分班的程度，就应该分班。分了快班、慢班，各班可根据本班实际情况确定不同的教学目标、不同的教学进度、不同的教学方法、不同的教学要求，甚至选择不同的教学内容，从而使不同层次的学生各得其所，岂不皆大欢喜？换言之，因材施教是教育的最重要原则，而分快慢班是在班级授课制基础上因材施教的最佳方式。

但事情就是这么奇怪，一个正确的举措却惹来许多争议，真让人百思而不得其解。

反对分快慢班的理由形形色色，最主要的一条是其会伤害学生的自尊心，不利于学生的健康成长。一夫当关，万夫莫开，以这一条理由塞悠悠之众口，已绰绰有余了。谁要分快慢班，谁就是伤害“祖国的花朵”，谁还敢冒这个天下之大不韪？

那么，学生间的差异，怎么解决？反对分快慢班的人提出，可通过教师分层教学、学生合作学习来解决。

如果说世界上有些办法是《西厢记》中说的“银样镴枪头”——外表看起来很好，但实际上不中用——那么这两种方法应该可以入选。

分层教学是异想天开。一个班几十人，怎么分层去讲课？怎么分层去布置作业？怎么分层去考试？根本无操作性可言。退一步说，即使能够分层，可分层与分班又有什么本质区别？分班伤害学生的自尊心，分层就能保护学生的自尊心吗？

合作学习也是一厢情愿。水平相近才可能合作，水平差得太大就不可能合作了。大家共同进步，确实是理想境界，难道光想着让学习好的学生带动后进的学生一同进步，却不曾想到后进的学生也可能拽着先进的学生一同退步吗？有的家长听说某个所谓的“坏学生”在这所学校的某个班级，便不肯送自己的孩子进这个班甚至这所学校，其原因就是怕自己的孩子被“带坏”。

由此想到一幅漫画，两个家长正大打出手，两个孩子却在一旁亲密地玩耍。说到底，快慢班之争是成人间的口水战，与孩子其实没有多大关系。所谓“伤害自尊心”等，多是以成人之心度孩子之腹的想当然，孩子自己未必就有受伤害的感觉。反对办慢班的家长，实际上是虚荣心在作怪，不愿承认自己的孩子不如人，在他们看来，孩子进了慢班，自己的脸上无光，更有甚者则认为是奇耻大辱。

其实，问题的关键不在分班，而在教育资源的分配。家长之所以不愿意自己的孩子进慢班，主要是因为慢班的教育资源不足，学校把优质的教育资源都投入快班中，造成了教育的不公平。如果教育资源充足，慢班与快班拥有同样的资源，甚至比快班的资源更好，人们还会谈慢班而色变吗？

孙志毅：因材施教是孔子最伟大的教育思想之一。当时还没有班级授课制，孔子的“班”上人数少，学生年龄差异大，使得因材施教的教育理念得以实现。资质不同、品性各异的学生在孔子那里都能得到发展。

当代课堂中的班级授课制是工业化的产物，如同在流水线上，不同的材质必须达到同一个标准才行，何谈因材施教？办慢班在理论上本不成问题，不就是分而治之吗？人与人之间存在差异是谁也改变不了的事实。

不允许分快慢班，理论上的依据有二：一是为了防止智力歧视；二是将好、中、差学生组合在一起可以使之互助、互励。19世纪末期，就有人主张“按学力分班分组教学”，以纠正班级授课制“一锅烩”的弊端。几十年后，这种做法又受到非议：不民主，易造成对学困生的歧视和对优等生的娇宠……

不允许分快慢班其实只是一句华而不实的口号。示范性高中与非示范性高中难道不是“快慢校”？纵然不分快慢班，老师眼里不也早已分了“快慢生”？

其实，你所说的教育资源分配不均点中了要害！本来越是“慢生”，越需要优秀教师去教，越需要精耕细作，可事实恰恰相反。这不正应了“马太效应”？

可见分快慢班不难，难在慢班怎样才能得到更多的呵护。

论高考作文之命题

——“两家村札记”(8)

王丛：近年来语文高考作文多为材料作文，因其将阅读与写作、理解与表达、输入与输出紧密地联结在一起，而成为语文高考的最佳作文方式。

孙志毅：何止是近些年，材料作文应该始于 1984 年。那年的作文题就是根据所给材料，写一篇对中学生作文的看法的议论文，题目自定。此前，高考作文基本有两种形式。一是政治色彩、意识形态色彩较浓，并与时局密切相关的作文题，如 1977 年的《我在这战斗的一年里》(北京卷)；一种是读后感，有的是读文，有的是读画，前者如 1980 年的读《画蛋》有感，后者如 1983 年，根据一幅题为“这下面没有水，再换个地方挖”的漫画，写一段 300 字以内的说明文字，并自拟题目写一篇议论文。

王丛：材料作文的材料通常要具备两个特点。一是晓畅明白，二是有教化意义，即对学生的成长有导向作用。这样，学生才能有话可说，而让学生有话可说的作文材料才是好材料。即便高考因其选拔功能而需要分出高下，其作文的高下也应在“写得好不好”，而不应在“写得出写不出”。

孙志毅：依我看，材料作文能让考生都有话说，让不同层次的考生说不同层次的话，既能体现教育的公平，也能区分出学生的水平来。但我不同意你说的“晓畅明白”。学生在拿到命题材料特别是能多元解读的材料之后经过一番思索，即所谓的“审题”，能寻找到新颖的立意角度才好。光追求“晓畅明白”，是否会回到以前的僵化模式？另外，我觉得材料作文所给材料还应具有教化意义，这一点很重要。

王丛：说到教化意义，我想到了 2012 年浙江省高考作文题的材料。材料中讲到了作家刘继荣上中学的女儿，成绩一直中等，但却被全班同学全票推选为“最欣赏的同学”，理由是其乐观幽默、热心助人、守信用、好相处等。母亲刘继荣开玩笑地对女儿说她快要成为英雄了，但女儿却认真地告诉母亲说，她不想成为英雄，她想成为坐在路边鼓掌的人。

我认为这个材料就缺乏教化意义：从材料的思想倾向看，是提倡学生要有一颗平常心，甘于做为别人鼓掌的人。但我觉得，平常心应该是成人而非学生应有的心态，是对现实而非对人生目标应有的心态。该省的考生可能会因面临两难抉择而觉得不好下笔：肯定“成为坐在路边鼓掌的人”就鼓吹了平庸，提倡当英雄又违背了材料的主旨。

孙志毅：不苛求“人人尧舜”，只要求学生做个“合格公民”，有利于减轻孩子们青春期的过度压力，未尝不是一件好事。据说，在西方的教育中，并不会把“竞争”每天挂在嘴上。浙江省的这则作文材料，有现实意义和针对性，不能认为是缺乏教化意义，有坐轿子的就得有抬轿子的。个人理想就是“抬轿子”，这也算不上平庸，只是不够高大而已。我小时候的理想就是当一名厨师，因为那时老饿肚子。即便是做了“英雄”的人也常告诫子女，别做空头的文学家、殃民的政治家，做个普通的、自食其力的人即可。鲁迅、老舍等似乎都说过类似的话，只是原话忘记了。

王丛：2012 年新课标全国高考语文卷的作文题也是材料作文，试卷给出的材料是，有个船主，让修船工给自己的小船刷油漆。修船工刷好油漆后，顺便将船底的漏洞补好了。过了些日子，船主给修船工送了一大笔钱。修船工说，工钱已经给过了。船主说，这是感谢修船工补船漏洞的钱。修船工说，那只是顺手做的一件小事。船主说，当他得知自己的孩子们驾船出海后，才想起船底有洞这事，绝望极了，觉得他们肯定回不来了。现在他们却平安归来，所以他是来感谢修船工的。

这个作文材料就很好，因为它既晓畅明白，又有教化意义，能使学生有话可说。

分析一下这则材料提供的作文立意角度，便可知确是如此。

1. 从修船工的角度立意

（1）修船工的分内之事是给船刷油漆，不是补洞，但他认为船的洞也该补，因此救了船主孩子的性命。可见不管是分内的，还是分外的，该做的事就应该做。没有人做分外的但却该做的事，就没有和谐的社会——雷锋之所以成为雷锋，主要原因不在于他做好了分内的事，还因为他做了大量分外的但却是该做的事。题目可以是"'分内''分外'与'该做''不该做'"。

（2）补洞是小事，但如果不补，后果可能十分严重，所谓人命关天。许多惨烈的后果，起因只不过是忽略了一个小小的漏洞而已，此之谓蝴蝶效应、蹄钉效应。所以，即使是小事，只要是该做的事，就要去做，否则，就可能一疏忽而成千古恨。题目可以是"勿以善小而不为"。

（3）修船工修补船底的漏洞，是责任心的驱使，是良好的为人处世习惯的驱使，并不是为钱。倘若船主不给他报酬，修船工也会认为理所当然，没什么不对，再遇到类似的事情仍然会这么做，不会改弦易辙。不过从长远看，好人终得好报，修船工得到了船主的感谢以及丰厚的报酬，给世上愿意做好事的人带来一丝温暖。题目可以是"但行好事，莫问前程"。

2. 从船主的角度立意

（1）有了漏洞要及时修补。船的小洞不补会沉船，堤坝的小洞不补会决堤。小洞不补，大洞吃苦。"针尖大的窟窿斗大的风。"船的漏洞如此，人生的漏洞何尝不是如此？题目可以是"漏洞要及时补"。

（2）船属于船主，船的漏洞危及的是船主的性命，船主应当及时发现、修补漏洞。幸亏他遇见的是一个极其负责的修船工，否则后果不堪设想。指亲不富，指嘴不饱，自己的命运要自己把握，不能依赖他人。题目可以是“自己的漏洞要自己补”。

（3）修船工为船补洞，本没想要报酬，但船主却主动给了他一大笔钱表示感谢，就船主而言，这是应该的，甚至是必须的。滴水之恩，当涌泉相报，何况是救命之恩？感恩是最基本的道德品质。题目可以是“懂得感恩”。

3. 从修船工与船主的关系立意

船的漏洞与船主性命息息相关，但船主却忽视了，差一点酿成大祸；这漏洞本与修船工无关，但修船工却随手把漏洞补好了，避免了一场大祸。我们应该像修船工那样做人、做事。有高素质的公民才会有高度文明的社会、高度和谐的社会、高度发达的社会。题目可以是“做人要做这样的人”。

这些立意角度都关系到学生的成长，又都有社会现实做参照，所以，学生都读得懂、想得到、写得出，甚至会有更恰当、更深刻的立意角度，更丰富、更生动的拟题。

怎么样？说这则材料既晓畅明白，又有教化意义，能使学生有话可说，不是没有道理吧？

孙志毅：如果你说的“晓畅明白”是“看明白”的意思，那当然没有错。但看明白和看深刻、看多元、看创新，却有天壤之别！“看明白”可以理解为让每个考生都有话说，不限制其立场、角度、表达方式；而“看深刻”之类就是说好了不容易。前者不为难学生，使每个学生都有话可说；后者拉开了考生读、写、思、识的档次，使学生平日修炼之功夫、思维之深度广度一目了然。这既有利于高校选拔英才，又不会埋没草莽英雄。

从镩树想到教育

——“两家村札记”（9）

王丛：镩树，就是为树木剪枝。为何不称剪枝，而称镩树呢？果树用剪子剪，才叫剪枝，其他乔木不能用剪子剪，其修理工具称“镩”，因此就只能称之为“镩树”了。

果树不剪不结果，乔木不镩长不高。镩树与教育颇有相通之处。《三字经》中有云，“玉不琢，不成器”。

应试教育压抑儿童的天性？有没有不压抑儿童天性的教育，可以让其自由发展、主动发展？没有吧。人不能自然地、自由地、主动地成长为社会人，他们必须要做出一些牺牲，必须要有所放弃，某些天性必须受到压抑。

如果让他们自由地、主动地发展，他们就会去玩耍而不会去学习、去劳动，就会去享受而不会去创造。

有一则笑话，讲的是一只猴子羡慕人类，求阎罗王也将它变成人。阎罗王答应了它，命小鬼儿拔掉它身上的毛。猴子喊痛不肯。阎罗王说，你连一根毛都不想拔，还想做人？这则笑话本是讽刺人吝啬的，但若把“毛”看成人的缺点或错误，则也可用之于教育——教育就是要纠正学生的缺点和错误，使他们从一个自然人成长为合乎社会规范的社会人，犹如拔掉猴子身上的毛而让它成为人。

有句俗语说得好：成人不自在，自在不成人。这则笑话与这句俗语就抵得上半部教育学。

孙志毅：《圣经》中说，人是自由的，因为自由是好的。一次，听基督教一个布道者的解释，才知道，自由，就是我有不做坏事的权利。

“让学生自由发展、主动发展”源于西方的自然教育理论。卢梭认为，学生的行为如果不造成自身伤害或对别人的自由构成妨碍，原则上成年人不应该干涉。这同今天所说的“你可以做法律禁止范围外的任何事”是一个道理。

我同意你的看法，如果让他们自由地、主动地发展，他们就会去玩耍而不会去学习、去劳动，就会去享受而不会去创造，大多数学生都会如此。假如我们给学生选择的自由，看他们是选择上学读书，还是嬉戏游乐，恐怕多数学生会选择后者。

所以，我们只能去“镩树”，不能任其“自由地、主动地”疯长。但教者需要注意，不能像《病梅馆记》中所说的那样“以夭梅病梅为业”，“斫其正，养其旁条，删其密，夭其稚枝，锄其直，遏其生气”。

王丛：即使是自然教育理论，给予学生的自由也是相对的、有条件的。什么是“造成自身伤害”？什么是“对别人的自由构成妨碍”？这完全可以作为严格纪律、加强管理的理由。

易中天认为，最好的家教就是不教育，父母最重要的任务或者说责任是为孩子营造一个宽松、自由、民主的氛围，让他们自由成长。他对励志和培优深恶痛绝，认为“这是摧残人性”，“一个人有没有‘志’是自己的事情，不是‘励’出来的”，在家中他“从来就不对女儿说这种话”，而他的女儿易海贝从小到大成绩一直优异。

易中天的“不教育”无疑是成功的，但这种教育能够推而广之吗？给孩子充分的发展空间、充分的自由选择权决不意味着要放任自由、不管不问。

孙志毅：在我看来易中天所犯的错误是以个别代替整体，以特殊代替一般。“最好的家教是不教育”有点像老子的无为而治，但其基本上站不住脚。何也？

细想之，易海贝从小到大成绩优异是“不教”之功吗？能推而广之作为普遍真理吗？她在一个大学教授家呱呱坠地并长大，其实是最好的教育！

著名学者金克木、钱穆、沈从文都是小学学历，后经努力才成为大师的，你能因此而不办中学、大学吗？

再者说，对于“教”，不同的人有不同的理解和界定。有刻意的、精心设计的、揠苗助长的，也有因势利导的、顺其自然的，而后者也必然存在着一个隐性的“教”。我认为易中天之“不教”绝非常人所理解的“不教”，而是因势利导、顺其自然。

有没有不淘汰的教育

——“两家村札记”（10）

王丛：人们说应试教育是精英教育、淘汰教育，所以提倡素质教育，主张让学生自由、自主发展。但素质教育就不是精英教育、淘汰教育吗？我看未必。

达尔文的进化论主张“物竞天择，适者生存”。“适者生存”反过来看就是“不适者淘汰”。可见，淘汰是自然的法则，也是社会的法则。所以，我们不能一方面鼓励教育的竞争，另一方面又否定教育的淘汰法则。

孙志毅：我们之所以批判应试教育，主张素质教育，是因为前者从学习内容上、评价标准上定位于“精英”，以淘汰、过滤为目的，百里挑一，千里挑一，只重视这些“精英”的发展，而被淘汰者是否达到国民的基本文化素质却不在被关心之列；后者其实并不回避客观上存在的淘汰和分流，而是更加注重使每个受教育者在原有的基础上都得到发展。打个不恰当的比喻，社会中的各个事物也是个生物链，有处于高端的，有处于低端的，其相互依赖，缺一不可。就像现实社会中，既需要把卫星送到月球轨道的科学家，也需要炒菜的师傅、看门的大爷。

王丛：我认为这里存在一个怎么看待成功与失败的问题。成功与失败是相对的，淘汰也是相对的。大学没考上，专家没当上，不能成为“把卫星送到月球轨道的科学家”了，这确实是一种失败，在某方面来讲是被淘汰了，但你还可以去打工或去经商或去做其他事情，能在科学家之外更广泛的领域做好，就没有被社会淘汰，也同样是成功的。

所以，教育最重要的是培养学生正确的价值观，即积极进取的精神。换言之，既然没有不被淘汰的教育，那就要有正确地对待淘汰教育。

是童年幸福好，还是成年幸福好

——“两家村札记”（11）

王丛：父母、教师对孩子最不满亦最不解之处是不听话——本是为了他们好，可他们就是不理解。晓之以理，不成；动之以情，还不成，只好慑之以威。许多体罚，往往缘于此。慑之以威再无效，也就只好随他去了。这是令许多为师为长为人父母者所不解的，也是我长期以来的疑惑。

现在这道理我也稍稍悟明白了些：青少年的时候，人们往往不知道什么是对什么是错，不知道什么是好什么是坏，因此也就不知道自己应该做什么不应该做什么，即没有正确的价值观。应该做的可能不愿去做，愿意做的往往又是不应该做的，常常是“欣于所遇，暂得于己，快然自足”。随着年龄渐长，阅历渐深，人们的认识发生了变化：“及其所之既倦，情随事迁”，才“感慨系之”，才知道什么是对什么是错，知道什么是好什么是坏，知道自己应该做什么不应该做什么。而在这时，人往往已经“老大”“白头”，只能是“徒伤悲”，悔已迟，真是“一失足成千古恨，再回头已百年身”。正如现在的师长们，之所以能以孩子的指路人自居，乃是因为他们已经成长，而在他们也是孩子的时候，也未必如现在这般大彻大悟，通情达理。教师、家长对孩子责之愈严，大半缘于对自己当年悔之愈切。

在《百家讲坛》中，著名女作家叶广芩曾说，后悔自己不该逼女儿读书考大学。我很疑惑，父母不该逼儿女读书考大学吗？父母逼儿女读书，考上大学难道是害了儿女吗？如今，有很多大学生都说自己是在父母的逼迫下努力读书考上大学的，他们因此很感庆幸，也非常感谢自己的父母。

孙志毅：叶广岑说不该逼着女儿读书考大学，大概是觉得为了考大学，女儿失去了快乐的童年吧。

我曾思考过这个问题。是童年幸福好，还是成年幸福好？当然一生都幸福最好，可是世界上没有鱼与熊掌皆得之事。我们常说“不吃苦中苦，难为人上人”，前半句指的是读书的过程，后半句指的是读书的目的，这显然是以牺牲孩子童年的幸福来换取成年的幸福。如果我们仅仅是让孩子现在活得快乐，那么，为什么他们今后的生活就应该抛弃在考虑之外呢？假如强调眼前的快乐可能使得他们今后失去快乐，为什么现在的快乐一定要以牺牲将来为代价呢？这显然是“两难”的。“台上一分钟，台下十年功。”“风雨之后是彩虹。”“没有耕耘，哪有收获。”这些耳熟能详的箴言其实主张的还是先苦后甜。

贝多芬童年时也对枯燥的钢琴技法训练很反感，他的父亲经常半夜里将他从被窝里拎起来练钢琴。可见大师与常人一样，如果其父亲不逼着他学钢琴，只想让他幸福地、自由自在地度过童年，那么，世界上可能就少了一位艺术天才。

王丛：以甜与苦的关系为标准，有先苦后甜的；有先甜后苦的；有先苦后也苦的；有先甜后也甜的，易中天的女儿即属此类；有先苦而后甜的，叶广芩的女儿即属此类。

不同的人适用不同的教育方法，就如同不同辈分的人要有不同的称呼，此所谓因材施教。易中天让女儿自由成长是正确的，但他鼓吹“最好的家教就是不教育”却是错的；叶广芩逼女儿考大学是对的，她为此而后悔也是错的。他们的错误在于：一个误以为只适合自己孩子的教育方法适合所有人，一个误以为本来适合自己孩子（也是一类孩子）的教育方法是错误的——总之，都违反了因材施教的原则。

后 记

我的小时候正赶上大饥荒时代。当时最迫切的理想，不是当科学家、工程师，也不是做艺术家、企业家，而是当一名厨师，以摆脱饥饿的折磨。当教师、做编辑、著书立说是一刻也不曾有过的奢望。

后来，阴差阳错居然读了大学，进了师范院校，做了教师，当了教育期刊的编辑。教师、编辑成了我安身立命的职业，故不亵渎、不轻慢、不懈怠，一直是我所秉承的理念。在教言教，于是对教育的思考就多了些。我虽没有自由知识分子的学养，但却有自由知识分子的脾气——不随俗、不从众，“知其不可而为之”，大凡想到且自认为有三分道理者皆诉诸文字，以期影响更多的教育同人。

这本书是我近十年教育随笔的结集，涉及基础教育诸领域。

“寻找传统教育智慧”是对被当作贬义词使用的“传统”的正名，我想说的是，我们真有资格批判传统吗？假如没有，那就从前人那里寻找教育的智慧和灵感。

“解读教育现象”“思辨教育时弊”是对教育现实问题的发声，听不听在他人，说不说则在自己。虽人微言轻，传阅的仅仅是圈子里的“同类”，但“知其不可而为之”，还是要说、要写，哪怕是只能影响一位教师的行为方式觉得也是值得的。

“思考语文教育”关注的是语文教学问题。大学学的是语文教育，当时叫“中文系”，但没有一个教师告诉我们语文教育是什么，也没有一门课程是训练我们怎么当教师的。混沌中走上讲台，不知耽误了多少孩子的时光。三十五岁以后，在叶圣陶、陆继椿、洪镇涛、丁培忠等先生的影响下，才基本厘清了母语教育的思路、学科的性质及该做什么的方向性问题。但至今仍然纠结着、苦恼着、忧虑着。

“争论教育真谛”是我与王丛老师对教育话题的争辩。

总之，不管社会如何功利，无论世人怎么颓唐，总有一些人逆流而行，做着有益于人类的事。美国黄汝斌基金会慷慨地襄助了本丛书的出版，滋根基金会也给予大力支持，作为受益者，我被他们的行为感动着、温暖着。大恩不言谢。倘若这本书能够在基础教育界起到沉淀思想、积累文化、影响他人的作用，那么我就心安了。

站在五千年文明史的积累中，畅游在先贤哲人浩如烟海的论述中，才疏学浅的我感觉到从未有过的渺小，我的立论也许很难创新，更多的是转述、汇总、生发、延宕，所谓“六经注我，我注六经”而已。不当之处敬请广大读者哂之。

2014 年 5 月

江苏凤凰教育出版社
《行知工程》系列丛书目录

系列	序号	书名	主编	定价
教育新思考系列	1	《语文教育向何处去》	王 丛	26.00
	2	《教育，就是做好普通的事》	孙志毅	27.00
	3	《走出语文的偏见——让学生体悟文本的原义》	丛智芳	30.00
	4	《让语文教学更高效——批注式阅读教学探索》	韩中凌	30.00
	5	《读写互促——探寻学以致用的语文教学》	曹 龙	30.00
	6	《跳出数学教数学——用文化融通数学教学》	马建秀	27.00
学生心理解码系列	7	《孩子问题行为一点通 ——只有好老师才知道的学生心理谜底》	严育洪	30.00
教师必读系列	8	《教师必学的16堂修养课》	武宏伟	30.00
	9	《教师不可不知的教学心理效应》	叶勇军	30.00
	10	《班主任不可不知的管理效应》	奚一琴	30.00
	11	《教师不可不知的教育心理效应》	孙 媛	30.00
	12	《校长不可不知的管理效应》	谢申刚 张金豹	30.00
	13	《成为好教师的7项修炼》	王福强 李维华	30.00
	14	《如何让学生会学习》	龙 冰	30.00
	15	《如何让学生爱学习》	周震宇 许小燕	30.00
名师感悟系列	16	《让心灵伴着歌声成长——22位音乐名师的教育智慧》	陈 璞	30.00
	17	《超越自我的教师——32位名师的成长感悟》	李卫东 李秀伟	35.00
	18	《心灵的守护者——19位名班主任的教育智慧》	王晓松 曲文弘	30.00
	19	《名师感悟班主任有效工作艺术90例》	符礼科	30.00
	20	《名师感悟有效教学90例》	林高明 徐玉烟	30.00
教育探索者系列	21	《让个性绽放精彩——学校课程体系整合与创生》	谢建伟 徐淑萍	30.00
	22	《让每个学生都幸福——最能润泽生命的学校文化建设》	谢建伟 张新喜	30.00
教育家核心思想系列	23	《多元智能理论的本土化应用》	刘治富	30.00
	24	《大教育家最具施教力的教学思想》	白刚勋	30.00

系列	序号	书名	主编	定价
创新教学探索系列	25	《粘连作文教学：让习作成为有个性的自我建构》	黄瑞夷	30.00
	26	《备学式教学——在体验中建构数学思维》	单广红　范雪梅	30.00
	27	《向着自主进发——自主教育的创新实施智慧》	朱亚红	30.00
	28	《写中学——让学习更有效的学科写作教学》	钟传祎	30.00
	29	《小学科学实验总动员 ——大科学课堂有效提升学生创新力》	江美华	30.00
	30	《小学语文单元整体课程实施与评价》	李怀源	30.00
	31	《小学英语单元整体课程实施与评价》	李怀源	30.00
	32	《小学数学单元整体课程实施与评价》	李怀源	30.00
教育管理力系列	33	《“走”出教育的精彩：走动式学校管理文化构建》	罗　军	30.00
	34	《校长兵法：学校管理四十六计》	皮大鹏	30.00
核心教学主张系列	35	《新生代语文名师核心教学主张》	许友兰	30.00
行思讲坛系列	36	《师爱无疆——润泽学生心灵的教育故事》	侯忠彦	30.00
	37	《怎样反思更有效——促进教师专业发展的反思策略》	诸贝贝	30.00
	38	《成为高度自觉的教育者——写给后课标时代的数学教师》	许卫兵	30.00
	39	《哲思数学课》	刘全祥	30.00
	40	《把学生教聪明》	严育洪	30.00
	41	《教师最应该规避的教育误区》	杨坤道	30.00
	42	《用语文的方式教语文——潘文彬教学主张与实践智慧》	潘文彬	30.00
	43	《跨越式实现高效课堂 ——信息技术与课程整合高效教学方案评析》	陈　玲　刘　禹	30.00
	44	《怎样让阅读教学更有效 ——提升教学能力的十种读诵模式》	汪秀梅	28.00
	45	《让生命在润泽中起舞——当代小学生最需要的主题班会》	吴联星　罗　琳 冯卫东	30.00
	46	《让生命欢快拔节——当代中学生最需要的主题班会》	冯卫东　吴联星	30.00
	47	《课堂因生成而精彩——高效教学的生成智慧》	张文质	30.00
	48	《回到每一个人的生命化教育 ——张文质二甲中学教育行动录》	张文质	30.00
	49	《智慧数学课——黄爱华教学思维的实践策略》	黄爱华	30.00
高效能教学系列	50	《让作文落地生根——提高写作实效的教学策略》	黄桂林	30.00
	51	《高效能作文教学5项修炼》	陈步华	30.00
	52	《高效能校长的10个好习惯》	张　勤	30.00
	53	《高效能教师的10个好习惯》	谢　英	30.00
	54	《高效能语文教学5项修炼》	王其华	30.00

系列	序号	书名	主编	定价
教育求索系列	55	《思政教学的人文力量》	戴晓华	30.00
	56	《师道新说——给教育者的30条箴言》	徐　卫	30.00
中国教育变革之路丛书	57	《百年树人师何为——教师队伍建设困顿与出路》	将丽珠　李玉向	30.00
	58	《入园何时不再难——学前教育困惑与抉择》	曾晓东 范　昕　周　慧	30.00
	59	《三尺书桌何处寻——流动人口子女教育困难与破解》	范先佐	30.00
	60	《苦旅何以得纾解——高考改革困境与突破》	郑若玲	30.00
	61	《择校纠结何时了——择校问题困局与治理》	曾晓东　周文海 曾娅琴	30.00
创新教学思想系列	62	《“大问题”教学的形与神》	黄爱华　张文质	30.00
校长领导力系列	63	《高品质学校生长要素》	王益民	30.00
	64	《校长高校教学领导力提升策略》	徐世贵　郭文胥	30.00
教育漫笔系列	65	《课堂，诗意地栖居》	吴书华	30.00
新思维系列	66	《教育中的“不一定”——打破教育的19种思维惯式》	严育洪	30.00
教学全手册系列	67	《小学习作教学全手册》	郭家海	30.00
	68	《中学写作教学全手册》	郭家海	30.00
	69	《情境教学操作全手册》	冯卫东	35.00
	70	《合作教学操作全手册》	李春华	35.00
	71	《探究教学操作全手册》	周新桂	35.00
	72	《自主教学操作全手册》	诸葛彪	35.00
	73	《创新教学操作全手册》	王　玮	35.00
	74	《班主任工作全手册》	刘沛华	35.00
	75	《新教师工作全手册》	周震宇	35.00
	76	《学生心里健康教育全手册》	刘海莉　刘春杰	35.00
	77	《高效教学操作全手册》	马友平	35.00
校本研修系列	78	《特色校本课程开发范例解读》	刘永平　李秀伟 张雪梅	30.00
	79	《高效校本研修模型构建艺术》	刘素雁	30.00
	80	《走向实践的教研——中小学教育科研引领与应用》	江　敏	30.00

系列	序号	书　　名	主编	定价
教学提升系列	81	《有思想地教阅读——让学生学会品读文字真意》	王学东	30.00
教育艺术提升系列	82	《藏在师生体态语言里的教学智慧》	张　宇　廖生波	30.00
幼师成长系列	83	《幼儿行为背后——教师如何读懂幼儿的心思》	吴亚英	30.00
	84	《最具教育力的22种幼儿教育思想》	杨　达	30.00
	85	《幼儿教师必知的安全应急措施》	杨　达	30.00
	86	《幼儿教师必备的教育技能》	李　玲	30.00
	87	《卓越园长21条幼儿园管理策略》	周　丹　江东秋	30.00
创新人才培养系列	88	《创新人才培养校园科普精品课程开发与指导——人大附中创新人才培养》	罗　滨	30.00
	89	《创新人才培养特色校本课程开发与创新人才培养——清华附中"国际安全下的科学技术"课程构建与实施》	王殿军　方　研　赵宏雁	30.00
	90	《创新人才培养：学校实验室建设与管理》	刘克文　杨发丽　杨　平	30.00
	91	《创新人才培养：数学探究活动开发与指导》	马云朋　韩继伟	30.00
	92	《创新人才培养：化学研究活动开发与指导》	王　磊	30.00
	93	《创新人才培养：物理探究活动开发与指导》	廖伯琴	30.00
	94	《创新人才培养：地理探究活动开发与指导》	张建珍　陈　澄	30.00
	95	《创新人才培养：生物探究活动开发与指导》	张迎春	30.00
	96	《创新人才培养：理念探索与思维突破》	王晶莹	30.00
教育思想者系列	97	《教育，一切从孩子出发》	黄　俭	30.00
新生代通派名师系列	98	《简约数学教学》	许卫兵	30.00
	99	《语文教学的本真——情意课堂展现母语之美》	吴建英	30.00
	100	《语文课堂的理想追求——欢快达成三维目标》	董一红	30.00
	101	《阅读教学的真髓——意象构建读出文学的真美》	祝　禧	30.00
	102	《美术教育的真谛——审美人生教育让生命绚丽成长》	陈铁梅	30.00
	103	《语文教学的理想境界——无痕教学润泽生命》	李　凤	30.00
	104	《儿童作文的本义——嬉乐作文让儿童乐并成长着》	王笑梅	30.00
	105	《名师是怎样炼成的》	王建明　王笑君	35.00